PE. JERÔNIMO GASQUES

JOSÉ, O SANTO DO IMPOSSÍVEL

História, orações e catequeses sobre a devoção

EDITORA SANTUÁRIO

DIREÇÃO EDITORIAL:
Pe. Fábio Evaristo R. Silva, C.Ss.R.

CONSELHO EDITORIAL:
Cláudio Anselmo Santos Silva, C.Ss.R.
Edvaldo Manoel Araújo, C.Ss.R.
Ferdinando Mancilio, C.Ss.R.
Gilberto Paiva, C.Ss.R.
Marco Lucas Tomaz, C.Ss.R.
Victor Hugo Lapenta, C.Ss.R.

COORDENAÇÃO EDITORIAL:
Ana Lúcia de Castro Leite

COPIDESQUE:
Luana Galvão

REVISÃO:
Sofia Machado

DIAGRAMAÇÃO:
Bruno Olivoto

CAPA:
Artur Santoni Araujo Bastos

Dados Internacionais de Catalogação na Publicação (CIP)
de acordo com ISBD

G249j Gasques, Jerônimo

José, o Santo do impossível: história, orações e catequeses sobre a devoção / Jerônimo Gasques. - Aparecida : Editora Santuário, 2021.

128 p. ; 14cm x 21cm.

Inclui bibliografia, índice e anexo.

ISBN: 978-65-5527-120-1

1. Religião. 2. Cristianismo. 3. José. 4. História. 5. Orações. 6. Catequeses. 7. Devoção. I. Título.

2021-3004 CDD 240
CDU 24

Elaborado por Vagner Rodolfo da Silva - CRB-8/9410

Índice para catálogo sistemático:
1. Religião : Cristianismo 240
2. Religião : Cristianismo 24

2ª impressão

Rua Pe. Claro Monteiro, 342 – 12570-000 – Aparecida-SP
Tel.: 12 3104-2000 – Televendas: 0800 0 16 00 04
www.editorasantuario.com.br
vendas@editorasantuario.com.br

"Em São José, vemos como se responde à vocação de Deus: com disponibilidade e prontidão; mas vemos também qual é o centro da vocação cristã: Cristo. Guardemos Cristo em nossa vida, para guardar os outros, para guardar a criação!"

(Papa Francisco)

"Podemos duvidar de que São José foi um homem muito santo e muito digno de confiança, uma vez que seria o esposo da Mãe do Senhor?"

(São Bernardo)

"Sua missão se desempenhou na humildade e no escondimento da casa de Nazaré. De resto, o próprio Deus, na pessoa de seu Filho encarnado, escolheu este caminho e este estilo a humildade e o escondimento em sua existência terrena."

(Papa Bento XVI)

INTRODUÇÃO

Há muitas paróquias dedicadas a São José e sentimos a necessidade de se intensificar essa devoção. Percebemos que os católicos de nossas paróquias têm pouco conhecimento sobre ele, embora sejam seus admiradores. Ele está no imaginário popular.

Em seu dia, 19 de março, a presença dos devotos é maciça em paróquias a ele dedicadas. A religiosidade sempre mereceu uma catequese de iniciação à "fé popular". Seguramente, eles têm uma forma peculiar de venerá-lo.[1]

Percebemos, em igual medida, que temos "muitos" materiais (livros) a respeito dessa devoção. Muitos deles estão dispersos e/ou inacessíveis à grande parte das pessoas. E os poucos livros são de difícil divulgação e acesso. A maioria dos materiais são devocionários simplificados à disposição dos devotos. Poucos, no en-

[1] Informando. Até o dia 22 de abril de 2019, estava como pároco na paróquia da cidade de Presidente Prudente, SP. Depois fui transferido para outra comunidade de Santo Antônio. Na época, eu iniciava os escritos sobre este texto. Não querendo dizer, com isso, que sou menos admirador de São José que antes! São José, esse venerável servo obediente e silencioso pai, tem sido para mim uma enorme fonte de inspiração. Com ele aprendi muitas coisas para meu ministério pastoral, inúmeros segredos da vida presbiteral. Sua pobreza me fez refém de sua admiração!

tanto, são comentários descritivos sobre a vida de São José ou que abordam detalhes de sua história.

A Igreja, em seu magistério, produziu inúmeros Documentos, Cartas, Encíclicas e pronunciamentos a seu respeito.[2] Há, de certa forma, uma fonte grande de informações a respeito de sua vida e espiritualidade. Talvez, poucos interessaram-se em conhecê-lo.

Este material contempla, modestamente, os três aspectos: história, catequese e devoção. Com ele, o devoto, de forma catequética, fará a experiência do Patriarca José. Buscamos um acordo de fazer o livro se inserir no processo de Iniciação à Vida Cristã.

Faltava-nos um material que unisse as duas necessidades em um só volume: um pouco da vida, do que se conhece de São José, e alguns subsídios de devoção, com alguns esclarecimentos sobre aquela maneira de se devotar uma atenção especial ao Patriarca, como é o caso, por exemplo, da sacolinha de São José, de São José Dormindo etc.

O que segue é uma coletânea de textos extraídos de sites, estudo pessoal, encíclicas, livros, cursos, vivências do povo sobre algumas devoções mais conhecidas e orações em que se invoca o patrono São José.

Nosso livro auxilia o devoto a se ligar – espiritualidade – ao grande Patriarca e protetor do Menino Jesus. Completamos o texto com algumas reflexões sobre a hagiografia simplificada do

[2] Documentos pontifícios sobre São José: REDEMPTORIS CUSTOS – Exortação Apostólica do Sumo Pontífice João Paulo II sobre a Figura e Missão de São José na Vida de Cristo e da Igreja. QUAMQUAM PLURIES – Carta Encíclica de sua Santidade, papa Leão XIII, sobre a necessidade de se recorrer ao Patrocínio de São José, junto ao da Virgem Mãe de Deus, nas dificuldades dos tempos atuais. INCLYTUM PATRIARCHAM – Carta Apostólica de S.S., papa Pio IX, concedendo as prerrogativas litúrgicas dos Patriarcas às festas de São José. QUEMADMODUM DEUS – Decreto de S.S., papa Pio IX, proclamando São José como Patrono da Igreja. BONUM SANE – Carta Encíclica de S.S., papa Bento XV (Motu Próprio), no Cinquentenário da Proclamação de São José como Patrono da Igreja Universal. LE VOCE CHE DA TUTTO – Carta Apostólica de S.S., papa João XXIII, sobre a devoção a São José, Padroeiro do Concílio Vaticano II. Carta Apostólica PATRIS CORDE, papa Francisco, 8.12.2020.

Santo do Impossível, do Homem dos sonhos (cf. PC, 3: *Pai na obediência*)![3] Como acenaremos, mais abaixo, com a Carta Apostólica do papa Francisco sobre São José.

No ano de 2019, celebramos os 30 anos da publicação documental sobre São José, da *Exortação Apostólica*, com o título "Redemptoris Custos" (sobre a figura e a missão de São José na vida de Cristo e da Igreja), publicada no dia 15 de agosto de 1989, pelo santo papa João Paulo II.

Recorre-se a São José: pela família, pela Igreja, pelas necessidades da comunidade, por ocasião de uma grande aflição, por questões financeiras, por ocasião da morte, pela saúde, por necessidade de trabalho, pela pandemia, pelo desemprego, pela necessidade do pão, pelas causas impossíveis; quando se pensa que São José foi o guarda previdente da Sagrada Família, lá vem ele com sua providência paternal a nos acudir.

"Quantas pessoas rezam – lembra o papa Francisco –, imolam-se e intercedem pelo bem de todos. Todos podem encontrar em São José – o homem que passa despercebido, o homem da presença cotidiana discreta e escondida – um intercessor, um amparo e um guia nos momentos de dificuldade. São José lembra-nos que todos aqueles que estão, aparentemente, escondidos ou em segundo plano têm um protagonismo sem paralelo na história da salvação. A todos eles, dirijo uma palavra de reconhecimento e gratidão" (PC, *introdução*).

Na *Carta Apostólica* sobre a figura e a missão de São José, o papa João Paulo II assim se expressa: "Acredito, efetivamente,

---

[3] Carta Apostólica do papa Francisco sobre São José, com o título *Patris Corde*. Abreviatura (PC). Por ocasião do 150º aniversário da declaração de São José como padroeiro Universal da Igreja. 8.12.2020. *Vatican.va* "Com coração de pai: assim José amou a Jesus, designado nos quatro Evangelhos como 'o Filho de José'. Os dois evangelistas que puseram em relevo a sua figura, Mateus e Lucas, narram pouco, mas o suficiente para fazer compreender o gênero de pai que era a missão que a Providência lhe confiou" (da introdução).

que o fato de se considerar novamente a participação do Esposo de Maria no mistério divino permitirá à Igreja, em sua caminhada para o futuro, juntamente com toda a humanidade, reencontrar continuamente a própria identidade, no âmbito desse desígnio redentor, que tem seu fundamento no mistério da encarnação. Foi precisamente neste mistério que José de Nazaré participou como nenhuma pessoa humana, à exceção de Maria" (RC, n. 1d).

O papa nos convida à devoção Josefina: "Desta forma, todo o povo cristão não só recorrerá a São José com maior fervor e invocará confiadamente seu patrocínio, mas também terá sempre diante dos olhos seu modo humilde e amadurecido de servir e de 'participar' na economia da salvação".

São bem poucos os que conhecem a grande promessa de São José, que assegura a obtenção de todas as graças de Deus aos que recitarem todos os dias (ou por *sete dias*) – ou por *sete domingos* seguidos – sete Pai-nossos e sete Ave-Marias, em veneração às sete dores e sete alegrias que ele teve neste mundo. Eis, portanto, a enorme importância e o valor espiritual da devoção a São José.

Temos, em São José, um tesouro de espiritualidade que, ainda, deve ser descoberto e valorizado. A comunidade cristão-católica deveria precisar dessas informações. São José é de todos. Daí a importância deste livro para a reflexão hagiográfica, acompanhada por um devocional.

Apresentamos, neste livro, uma série de devoções com algumas explicações sobre cada uma delas. A devoção, mal-entendida, acaba não fazendo bem aos devotos, pois sobressai aquilo que não toca a fé cristã. Com isso, e devido a isso, aparecem os exageros.

Padre José Antonio Bertolin, OSJ, assim reflete: "São José permaneceu, através dos séculos, como o grande desconhecido. Ainda hoje, para maioria dos cristãos, ele é um santo do qual ouvem falar, às vezes, alguma coisa, mas têm dele apenas uma ideia confusa, vaga e obscura. Um santo de tamanha grandeza não pode continuar sendo ignorado por nós e ficar por mais tempo escondido".

Santa Teresa de Jesus dizia: "Tomei, como meu advogado e patrono, o glorioso São José e confiei nele com fervor. Senti que sua ajuda foi sempre maior que aquilo que eu poderia esperar. Não me lembro, até agora, de haver pedido uma graça a ele e de não ser alcançada".

O papa Bento XVI, em sua Mensagem sobre o dia de São José (2007), assim meditou sobre a figura desse patrono:

> A figura deste grande Santo, mesmo permanecendo escondida, tem na história da salvação uma importância fundamental. Antes de tudo, pertencendo à tribo de Judá, ligou Jesus à descendência de Davi, assim, realizando as promessas sobre o Messias, o Filho da Virgem Maria pôde se dizer verdadeiramente "Filho de Davi". O Evangelho de São Mateus, de modo particular, ressalta as profecias messiânicas que encontraram seu cumprimento mediante o papel de São José: o nascimento de Jesus em Belém (Mt 2,1-6); sua passagem pelo Egito, onde a Santa Família se escondeu (Mt 2,13-15); o sobrenome "Nazareno" (Mt 2,22-23).
>
> Do exemplo de São José, vem a todos nós um forte convite a vivermos com fidelidade, simplicidade e modéstia a missão que a providência nos reservou. Pensemos, antes de tudo, nos pais e nas mães de família e rezemos para que saibam, sempre, apreciar a beleza de uma vida simples e laboriosa, cultivando com zelo a realização conjugal e cumprindo, com entusiasmo, a não fácil missão educativa.

> Aos sacerdotes que exercem a paternidade na comunidade eclesial, São José os ajude a amar a Igreja com afeto e plena dedicação e sustentar as pessoas consagradas, na alegre e fiel observância dos conselhos evangélicos de pobreza, castidade e obediência. Proteja nossos trabalhadores de todo o mundo, para que contribuam com as várias profissões ao progresso da inteira humanidade, e ajude cada cristão a realizar com confiança e amor a vontade de Deus, cooperando assim com o cumprimento da obra da Salvação" (*pensamentos* do papa emérito, Bento XVI, *vatican.va*).

E o santo padre assim concluiu sua homilia: "Eu gosto de recordar que de São José era muito devoto também o amado João Paulo II, o qual lhe dedicou a Exortação Apostólica *Redemptoris Custos* – Guardião do Redentor – e, seguramente, experimentou a presença dele na hora de sua morte"!

> A grandeza de São José consiste no fato de ter sido o esposo de Maria e o pai de Jesus. Como tal, afirma São João Crisóstomo, "colocou-se inteiramente ao serviço do plano salvífico".

Seguem algumas sugestões para se incentivar a prática devocional: preparar a festa de São José com uma novena ou um tríduo que deve ser adaptado à realidade de cada comunidade paroquial. Aqui, podemos falar sobre o primeiro de maio, festa do trabalhador, em que se invoca o Patriarca trabalhador.

Este livro e devocional quer ser um pequeno instrumento para difundir e ampliar, em nossas comunidades (corações), a devoção ao grande patrono da Igreja. De certa forma, aqui, estão registradas todas as práticas dessa devoção ou ao menos aquelas mais conhecidas e difundidas entre nós, no Brasil. Importa fazer dele um manual de oração; um pequeno devocionário pessoal e comunitário de espiritualidade josefina (= daquilo que se refere a São José).

Em alguns trechos, faz-se uma pausa para a meditação e oração com algumas questões para se reforçar a reflexão e imaginar algum pensamento josefino; se o livro for de estudo, auxiliaria a reflexão do grupo.

Não podemos terminar o livro sem invocar a lembrança de uma devoção do papa Francisco com São José Dormindo. Ele mesmo confessa que, desde pequeno, tem esse devocional em sua vida cristã. Vamos anotar algumas curiosidades dessa devoção.[4]

Indicamos, mais ao fim, alguns livros para a leitura meditativa de nosso querido santo, bem como alguns textos do Magistério sobre a figura de São José.

Agradecemos a todos os autores dos livros, sites, revistas, paróquias, sugestões, orações, reflexões, testemunhos e conteúdos consultados, que nos serviram de fonte de pesquisa para escrever este apanhado devocional. Sem essa colaboração, comunitária, seria impossível tal intento. Está, aqui, o que temos disponível em forma de livro.

Que São José obtenha para todos os seus admiradores, divulgadores e aqueles que lerem este livro, com devoção, a bênção do Pai e do Filho e do Espírito Santo.

Objetivo e resumo do livro

Nosso livro contempla três capítulos curtos, mas cheios de vontade de proporcionar São José a seus devotos. Desejamos apresentar aos devotos um livro modesto em que se contemplem aquelas verdades sobre São José de forma resumida, eficiente,

[4] Jerônimo Gasques, *São José Dormindo:* a devoção do papa Francisco. Gráfica Impressão, 2017. “Aprendamos a colocar aos pés de São José nossas dificuldades”, diz o Papa.

catequética, devocional e evangelizadora. Um livro que o devoto possa ter com ele em todo canto.

O livro contempla o processo de iniciação à devoção a São José. Chamamos isso de devoção Josefina. São José, ainda, não é suficientemente conhecido. Existem muitos aspectos que ficaram no esquecimento por falta de doutrina, de catequese e indicação naquilo que ele representa à devoção cristã. Estamos no propósito de resgatar esse Homem do Evangelho, participante ilustre e colaborador na história da salvação.

O título que damos ao livro evoca o "impossível de Deus", ao afirmar que para Deus tudo é possível. Com isso ele resgata a potência divina como o "santo do impossível". Seriam mistérios? Quem sabe. No plano de Deus, José e Maria são alvos do alcance divino da misericórdia do tempo. "Jesus olhou para eles e respondeu: 'Para o homem é impossível, mas para Deus todas as coisas são possíveis'" (cf. Mt 19,26; Mc 10,17-27).

Nosso livro traz, em seu conjunto e modéstia, um pouco da inspiração do processo de Iniciação à Vida Cristã. Tomamos a "experiência" do Patriarca José para apresentar a seus devotos uma iniciação à devoção Josefina. Apresentamos três momentos: a história de vida, a espiritualidade (a catequese) e o devocional (a religiosidade popular).

Depois de cada reflexão, o leitor poderá fazer uma parada para a "meditação" do texto lido. Esse exercício é indicado, também, quando se faz a leitura do livro, em grupos ou em momentos de espiritualidade dirigida por um mestre (ou orientador).

O livro não é, somente, para se ler, mas meditar sobre os mistérios do guarda do Redentor. Desejamos resgatar esse José que existe na comunidade e que, por vezes, não é lembrado a tal ponto de ser uma inspiração para a vida cristã.

> A reação de José foi exemplar, disse o papa Francisco: "José não foi ter com os amigos para se confortar, não foi ao psiquiatra para que interpretasse o sonho. Não: ele acreditou. Foi avante. Assumiu a situação. Mas o que José tinha de assumir? Qual era a situação? De duas coisas. Da paternidade e do mistério".

As orações e o devocional são bastante diversificados. Por isso apelamos para uma pequena indicação e explicação (catequese) sobre sua natureza. Isso coloca o devoto mais próximo da devoção e o faz entender aquilo pelo qual se ama e cultua em São José. Caminhamos na trilha do processo de Iniciação à Vida Cristã (*IVC*).

Mais adiante, o leitor poderá conferir nossa bibliografia sobre São José. Enfim, desejamos apresentar São José tendo como foco a religiosidade popular e o devocional josefino como destinatários.

No *primeiro* capítulo, apresentaremos uma modesta biografia; uma hagiografia a respeito do que se pode conhecer sobre São José. Poucos são os escritos que dão algum norte sobre esse santo patriarca. Nossa intenção é, apenas, apresentá-lo a seus devotos. Anotar aqueles indicativos mais ligados às Escrituras e à Tradição, do que as preocupações sobre as lendas e sobre o que os apócrifos disseram a respeito de São José.

No *segundo* capítulo, apresentaremos o devocional atribuído a ele, que é rico em conteúdo, em diversidade e está espalhado no mundo inteiro. Em todo canto onde São José é lembrado, há alguém com seu devocional, que se passou de pai para filho; por isso sua riqueza histórica e espiritual.

No *terceiro* capítulo, indicaremos algumas orações dirigidas a São José. Não existiu a pretensão de se anotar todas elas, apenas aquelas que são mais comuns e populares. Assim, o devoto poderá fazê-las de forma constante e segura. Quando necessário, aparecerão algumas explicações sobre aquelas mais indicadas.

> A Sagrada Escritura diz-nos que José era artesão. Vários Padres acrescentam que foi carpinteiro. São Justino, referindo-se à vida de trabalho de Jesus, afirma que fazia arados e jugos. Baseando-se provavelmente nessas palavras, Santo Isidoro de Sevilha conclui que José era ferreiro. Seja como for, era um operário que trabalhava a serviço de seus concidadãos, que tinha uma habilidade manual, fruto de anos de esforço e de suor.

O devocional é apresentado com uma introdução, indicando sua origem, curiosidade e intenção. Assim ele fica mais rico e adequado às necessidades dos devotos, por exemplo: "a coroa de São José". Uma rápida catequese se fez necessária para esse momento.

Não deixamos de lado a figura de Maria, a companheira de José, e a espiritualidade eucarística no momento de adoração (bênção do Santíssimo). O devoto de São José tem esses companheiros diários de luta e de procura. Encontrar Maria, aquela companheira que esteve ao lado de José em todos os momentos e, certamente, ao lado de Jesus, o filho amado e guardado com "chave de ouro" pelo divino casal, José e Maria. Esses são "segredos" que não têm preço a serem pagos; apenas descobertos.

"São José, escolhido pelo Pai para ser o guarda fiel e providente de seus dois maiores tesouros: o Filho de Deus e da Virgem Maria, cumpriu com a máxima fidelidade sua missão. Eis por que o Senhor lhe disse: 'Servo bom e fiel'. Vem participar da alegria de teu sonho" (Mt 25,21, *in* Sermão de São Bernardino de Sena).

Lembrava o papa João Paulo II: "O filho de Maria é também filho de José, em virtude do vínculo matrimonial que os une: 'Por motivo daquele matrimônio fiel, ambos mereceram ser chamados pais de Cristo, não apenas a Mãe, mas também aquele que era seu pai, do mesmo modo que era cônjuge da Mãe, uma e outra coisa por meio da mente e não da carne'" (RC, 7d).

Curiosamente, aqui, não houve aquela intenção de se ficar questionando sobre ser ele "pai adotivo" ou verdadeiro pai de Jesus. Houve a liberdade do Espírito ao assim determinar: pai e Jesus! Como fica bom afirmar e saber que Jesus tivera "dois" pais: o Divino Deus, para sempre eterno, e o pai terreno, cuidador do Redentor.

Terminemos com esta oração bizantina a São José:

"Anuncia, ó José, a teu antepassado Davi as maravilhas: tu, que viste a Virgem dar à luz, tu, que adoraste com os reis magos, tu, que glorificaste com os pastores, tu, que foste instruído pelo anjo, suplica a Cristo-Deus que salve nossas almas!"

MEDITAÇÃO

1. Quem é São José para mim? Minha maneira de entender José corresponde àquilo que a Tradição diz sobre ele?
2. Vamos meditar sobre os levantes e sonhos de São José? O que isso nos interessa? Nossos sonhos correspondem aos sonhos de José?
3. Por que ele é um "santo do impossível"?
4. Falemos sobre a relação que existe entre São José e a pastoral do dízimo.

I

CONHECENDO A HISTÓRIA DE SÃO JOSÉ

1. Quem é São José?

Nossos questionamentos e desejos de conhecê-lo: quais são suas características? Qual é o modelo de santidade que ele representa para os cristãos? Quem foram seus pais? Como foi seu matrimônio com Maria? Ele era um senhor de idade ou um jovem judeu? Por que alguns lhe atribuem uma viuvez? José tinha filhos de outro casamento? Como era sua vida escondida em Nazaré? O que pensavam seus vizinhos? Como José educava Jesus? Onde José foi sepultado? Como entendemos a passagem de judeu para cristão que imaginamos ser José? Continuou judeu ou cristão? Houve "uma" conversão? Essas são interrogações, entre muitas outras, que temos o direito de fazer a seu respeito.

Poucas, todavia, encontraram alguma resposta razoável. A maioria ficou no anonimato e se desconhecem os possíveis revides. Talvez, pensássemos mais em mistério que plausibilidade humana. De certa forma, o título de nosso livro ajuda a compreender e responder a essas perguntas.

Tentaremos mostrar um pouco de "tudo" neste livro-devocionário, sem esgotarmos o assunto, sabendo, primariamente, que não iremos escrever sobre São José, mas iremos apenas resgatar a devoção e as questões devocionais relacionadas com esse grande Patriarca (as demais intuições o leitor poderá encontrar em nosso livro).[1]

Aliás, diante dessa personalidade rica e, ao mesmo tempo, poliédrica, percebemos que, quanto mais descobrimos, mais temos para encontrar. São José é como o desafio de Deus diante da promessa de um filho, segundo a profecia de Isaías (cf. Is 7).

De São José, na verdade, sabemos muito pouco. Seu nome é citado nos evangelhos apenas quatorze vezes, e os evangelistas lhe dedicam apenas vinte e seis versículos, mas não mencionam nenhuma palavra dele ou algum detalhe curioso sobre sua vida/vocação. Na maioria das vezes, temos mais um desejo de especulação do que informação sobre sua missão como o guarda do Redentor.

Indagações: para os que pensam que a genealogia de Lucas (3,23) dá a linhagem de Maria e a de Mateus (1,16) dá a linhagem de José, Jacó seria o pai de José e Heli, seu sogro. O uso da palavra "pai" no hebraico e no grego permitiria que esta fosse usada no lugar de sogro. Para os que pensam que ambas as genealogias dão a linhagem de José, Jacó e Heli seriam irmãos, e, segundo o costume, quando Heli morreu, Jacó teria tomado sua viúva como esposa, e José seria filho de Jacó, no sentido literal, e de Heli, no sentido legal.

---

[1] Gasques, J. *São José: o lírio de Deus* (Resgatando a devoção na piedade popular), Paulus Editora, 124 páginas, 2015. "Buscaremos, na fonte primária de nossa intuição, o José que se aninha naquele ambiente ensolarado da Palestina, onde o brilho tende a se esmaecer; retiraremos um pouco da poeira acumulada pelos séculos e traremos à tona o José escondido nas fímbrias da história e do tempo. Resgataremos a espiritualidade para nosso momento" (p. 10).

Segundo a lei dos Judeus (Dt 25,5), o irmão deveria continuar a descendência de um irmão morto casando-se com a viúva deste. É possível que José tenha sido filho de Jacó por nascimento, mas filho de Heli por adoção (*Quem é São José?* – Curso de Josefologia – Parte 1, Capítulo 1).[2]

Claro que isso não nos deve parecer estranho, pois os evangelistas estavam preocupados em narrar a ação de Jesus e seu ministério. Não possuímos, nem mesmo, referências sobre o ano, nem sobre o lugar onde nascera. Não sabemos o nome de sua mãe e existem controvérsias a respeito do nome de seu pai; apenas os Apócrifos se dedicam a esses pormenores.

Certamente, esse aspecto serve mais para explorar a curiosidade sobre São José. De fato, ele é considerado o homem do silêncio. O silêncio deve calar mais forte no Patriarca. A missão humana de José foi a de cuidar do Redentor, que veio por meio de Maria. Um casal humano para cuidar do nascimento do Divino. Isso é o bastante para considerar sua tarefa humana!

José entrou em cena quase desapercebidamente. Não há nenhuma menção de sua vida, nem de sua morte, e esse silêncio permanecerá, ainda, por muitos séculos. Entretanto, foi a ele que Jesus se submeteu como filho, e foi com ele e nele que Maria encontrou um grande amor e força para desempenhar, com perfeição, a missão sublime de esposa e de mãe.

Na verdade, o mistério de São José está na eloquência de seu silêncio e no primado de seu amor, tornando-se, assim, a imagem terrestre da bondade de Deus. Seu silêncio é impressionante! Ele é o mais escondido de todos os santos. Talvez, por isso, tenha exercido e continue exercendo um fascínio na alma de incontá-

[2] Quem é São José? (Curso de Josefologia – Parte 1, Capítulo 1. A maioria das reflexões, a seguir, são coletadas ou observadas a partir desse trabalho dos padres josefinos. Presente em: *josefologia.blogspot.com*/2010/08/curso-de-josefologia-capitulo-01.html. Acessado em 14.8.2020.

veis devotos. Um silêncio que faz sentido diante das situações, aparentemente, impossíveis de serem realizadas. Confiar e silenciar faz sentido para o Patriarca.

O silêncio, que sempre foi uma incógnita para todos aqueles que se dedicam à devoção e à espiritualidade, guarda o mistério e necessita de inteligência espiritual para decifrá-lo. Poucos conseguem esse assombro. Talvez, o mundo, cheio de palavras e de barulhos, faz-nos distantes dele e de entender sua maneira de ficar silencioso diante do plano de Deus.

> É o homem que não fala, mas obedece; o homem da ternura, capaz de levar adiante as promessas para que se tornem firmes, seguras. O homem que garante a estabilidade do Reino de Deus, a paternidade de Deus, nossa filiação como filho de Deus. Gosto de pensar José como guardião das fraquezas, de nossas fraquezas: é capaz de fazer nascerem muitas coisas bonitas de nossas fraquezas, de nossos pecados (*Papa Francisco*).

Seu abandono aos desígnios de Deus é total: não pede explicações, não contesta e, mesmo quando entra em cena, aparece quase que de modo obscuro. Ao se referirem a ele, os evangelhos não usam muitas palavras, porém é indiscutível que sua pessoa esteja envolvida por uma auréola de luz tão cristalina que resume a essência do que ele representa, quando afirmam que "era um homem justo" (Mt 1,9) (cf. Fonte: *Zenit PT*).

É justo com Deus, depositando nele a mais profunda confiança em toda a sua vida. É justo com o próximo, pois vive com Jesus e Maria na mais perfeita caridade. É justo consigo mesmo, pois é sempre fiel à vocação que recebeu. Seu silêncio guarda a plenitude do mistério. Ele é plenamente justo! São Jerônimo († 420), doutor da Igreja, diz que: "José mereceu o nome de 'Justo', porque possuía, de modo perfeito, todas as virtudes".

"São José é um santo no sentido mais amplo da palavra", afirma um grande devoto josefino (Papa Pio IX). É um homem à parte, reservado, retirado, separado. Um homem em quem se diria que tudo é interior. Um homem de Deus, todo de Deus, todo em Deus. É um homem plenamente tocado pelo mistério do divino Deus (cf. Exortação Apostólica Pós-sinodal *Verbum Domini*, Papa Bento XVI). Certamente, isso explica o sentido de seu silêncio!

Começamos a imaginar José, como um homem chamado à santidade, própria do Antigo Testamento. O chamado para santidade é absoluto, exclusivo. Deus nunca nos chama para lhe darmos um pedaço de nosso coração. O chamado para santidade é para todo o nosso coração: "Filho meu, dá-me o teu coração" (Pr 23,26). Com certeza, isso faz sentido em José. Os evangelhos nos indicam essa condição ao propor, pela voz de Gabriel, esse chamado em assumir Maria como sua esposa.

O chamado para a santidade é "holístico", isto é, nossa vida inteira está envolvida – corpo e alma, tempo e eternidade. Em cada esfera de nossa vida, somos chamados a atuar: em privacidade com Deus, na confidencialidade de nossos lares, na competição de nosso trabalho, nos prazeres da amizade social, bem como na adoração, aos domingos. O chamado à santidade é de sete dias por semana e de 365 dias por ano. Ele é radicalmente compreensivo; como tal, o chamado à santidade pertence à essência da fé e da prática religiosa.

Admirado pela extrema simplicidade e pelos traços de santidade com que José se apresenta, outro grande devoto, Jean-Jacques Olier (1608-1657), assim se expressa em suas considerações sobre ele: José "foi dado à humanidade para exprimir visivelmente as adoráveis perfeições do Pai, para ser sua imagem aos olhos do Filho de Deus". Como deve ser excelsa sua santidade, a beleza desse grande santo, que Deus Pai criou com suas mãos para representar a si mesmo ao Filho unigênito!

São José é, no dizer do papa Paulo VI, "a luz que difunde seus raios benéficos na casa de Deus, que é a Igreja: preenche-a com profundas e inefáveis recordações da vida à cena deste mundo do Verbo de Deus, feito homem por nós e para nós, e que viveu sob a proteção, a guia e a autoridade do artesão pobre de Nazaré" (Paulo VI, *alocução* de 19 de março de 1966).

Deus, para realizar seu grande desígnio de amor, quis servir-se de suas criaturas, entre as quais escolheu duas de seu especial agrado, Maria e José, como testemunhas conscientes e agentes livres e responsáveis. Por isso a participação desses dois "astros" de primeira grandeza, na história da salvação, coloca-os no centro da história do mundo.

Deus procurou, em todas as gerações, quem pudesse ser escolhido e dado como companheiro àquela que escolhera como mãe de seu Filho eterno. Considerou a fé inabalável de Abraão, a pureza de alma de Isaac, a infatigável paciência e resignação de Jacó, a mansidão e a santidade de Davi, mas seu olhar divino não repousou em nenhum deles. Foi além, pois, só em José, Deus encontrou o homem que procurava e sobre ele recaiu sua escolha.

> Abandono e desprendimento eram esta a pobreza de José. Era uma das facetas de sua humildade: a pobreza inata do homem, plenamente reconhecida e aceita. Pobreza que é, antes de tudo, uma atitude de vida.

Isso pode parecer pouco? Ele é uma síntese da história da salvação; traz consigo a história de seu povo e a mais pura da linhagem de Davi. Parece-nos, então, que a descendência real de São José bastava para se provar a descendência real do Senhor.

Refletiu São Bernardo: "O Senhor encontrou José segundo seu coração e lhe confiou com plena segurança o mais misterioso e sagrado segredo de seu coração. Desvendou a ele a obscuridade e os segredos de sua sabedoria, concedendo-lhe que conhecesse o mistério desconhecido de todos os príncipes deste mundo" (*Hom. Super Missus Est,* PL 183, 70).

Paulo VI: "São dele os pesos, as responsabilidades, os riscos e as fadigas da pequena e singular família. É dele o serviço, o trabalho e o sacrifício, na penumbra do quadro evangélico, no qual é agradável contemplá-lo" (*Homilia* de 19 de março de 1969).

Portanto ninguém pode ignorar o lugar que São José ocupa na hierarquia dos Santos. Se aprofundarmos em sua vida, perceberemos que imitá-lo nos parecerá fácil, pois está muito perto de nós. Ele conheceu a luta e a amargura do dia a dia. A amável e singular serenidade, que se irradia desse simples "leigo", com uma grande missão aos olhos de Deus, convida-nos afetivamente a nos aproximarmos dele com mais familiaridade, para conhecermos e seguirmos seu ensinamento, que nos foi transmitido com tanta discrição.

Seria bom entender que São José e Maria não são considerados santos como os demais que assim se tornaram por meio de um processo de canonização. José é um judeu de primeira grandeza e sua santidade está na qualidade de servo bom e obediente ao projeto de Deus, como se entendeu, mais tarde, pela teologia.

Sua santidade está relacionada com sua justiça. Ele é um homem justo, como nos lembra o evangelho (Mt 1,19), e para todos os fiéis é um modelo de vida na fé. A palavra "justo" recorda sua retidão moral, sua sincera adesão ao exercício da lei e sua atitude de abertura total à vontade do Pai celestial. Seu ser justo completa sua ética de vida fora de qualquer questionamento humano.

São José fala pouco, mas vive intensamente aquilo que faz, não se subtraindo de nenhuma responsabilidade que a vontade do Senhor lhe impõe. Por isso ele nos oferece um exemplo de atraente disponibilidade à vontade de Deus, de calma em cada acontecimento, de confiança embebida de sobre-humana fé e caridade, assim como do grande meio da oração (João XXIII, *Felicitações apresentadas ao Sacro Colégio* em 17 de março de 1963).

Por ter sido escolhido como esposo de Maria e pai de Jesus e devido à abundância de graças que recebeu de Deus, a Igreja sempre lhe tributou um culto especial.

Esse é o motivo por que São José vive na alma de nosso povo, pois este o conhece como o "carpinteiro de Nazaré", de mãos calejadas por causa do manejo do martelo, do traquejo do machado e do serrote, como aquele que tira o sustento para si e sua família com o suor de seu rosto. Isso nos lembra o papa Francisco em sua recente Carta Apostólica sobre São José: "São José era um carpinteiro que trabalhou honestamente para garantir o sustento de sua família. Com ele, Jesus aprendeu o valor, a dignidade e a alegria do que significa comer o pão, fruto do próprio trabalho" (PC, 6).

Ele é um santo que não se encontra na grande galeria dos doutores da Igreja, nem dos sábios, tampouco entre aqueles que se revestiram do poder de conduzir nossa Igreja. Ele guarda uma simplicidade que o faz grande como os "grandes" Santos, por exemplo, Teresinha, Faustina, Francisco ou Dulce.

A vida corrida e despercebida desse homem esconde um mistério de contemplação e uma riqueza espiritual: o silencioso cumprimento do dever. Por três vezes a Escritura diz que "ele se levantou". Para fazer o quê? Para colocar em prática o que havia percebido em sua consciência como sendo a voz de Deus. Sua consciência estava tão desperta que, durante o sono, ela comunicou a mensagem do anjo, por mais estranhos que lhe parecessem os caminhos que ele devia percorrer (cf. São José, *fiel à vontade de Deus*, in *ofs-sp.org.br*).

Nos céus, não o colocamos entre os querubins e os exércitos celestes. Com seu estilo silencioso e sua humilde vida, quase desconhecido, ele se assemelha muito a nosso povo; silencioso, mas ativo na prática da fé. "A grandeza de São José consiste no fato de ter sido o esposo de Maria e o pai de Jesus. Como tal, afirma São João Crisóstomo, 'colocou-se inteiramente ao serviço do plano salvífico'" (Papa Francisco).

Em síntese, os trechos da Sagrada Escritura que falam sobre São José podem ser resumidos nos seguintes:

- Descendente da casa de Davi – Mt 1,16; Lc 1,27.
- Esposo de Maria – Mt 1,18.
- Pai de Jesus – Mt 1,20; 13,55; Lc 3,23; Jo 1,45; 6,42.
- Perplexidade diante do mistério da encarnação – Mt 1,19.
- Viagem a Belém para o recenseamento ordenado por César Augusto – Lc 2,4-6.
- Fuga para o Egito e volta com Maria e o Menino para Nazaré – Mt 2,14.19-23.
- Perda e encontro de Jesus aos 12 anos no Templo de Jerusalém; em seguida o Menino desceu com eles a Nazaré, onde lhes era submisso – Lc 2,48.
- Era um homem justo – Mt 1,19.

Portanto os dados dos evangelistas sobre São José são estes:

– Era justo, filho de Davi, esposo de Maria, pai de Jesus e carpinteiro. São poucas informações, mas de importância fundamental, como todas as da Sagrada Escritura, pois são como sementes cheias de vitalidade e de conteúdos inexauríveis (cf. este texto é inspirado em uma reflexão do Pe. José Antonio Bertolin, OSJ, *com alguns acréscimos do autor*).

No texto que encabeça a Carta Apostólica, Francisco lembra alguns traços de José: "Com coração de pai: assim José amou a Jesus, designado nos quatro Evangelhos como 'o filho de José'. Os dois evangelistas que puseram em relevo sua figura, Mateus e Lucas, narram pouco, mas o suficiente para fazer compreender o gênero de pai que era e a missão que a Providência lhe confiou" (PC, *introdução*).

Em cinco parágrafos, descreve, suscintamente, sua "biografia" de acordo com os evangelhos. E recorda que "meus antecessores aprofundaram a mensagem contida nos poucos dados transmitidos pelos Evangelhos para realçar ainda mais seu papel central na história da salvação...".

Como é instigante conhecer São José e encontrar nele um ponto de equilíbrio de fé, afinal ele aceitou o projeto de Deus de uma forma silenciosa e se colocou a serviço do Reino no serviço ao Filho. Ele foi o pai educativo que guiou Jesus nos caminhos do encontro com a Palavra, quando, de forma piedosa, adentrava o Templo por ocasião das desobrigas da Páscoa (cf. Lc 2,22-35: *a mais conhecida*).

MEDITAÇÃO

1. Vamos conferir os textos bíblicos que nos motivam a encontrar São José?
2. Depois dessa leitura como você define São José?
3. Vamos divulgar a devoção a São José? Quantos ainda não o conhecem ou, apenas, ouviram dizer sobre ele?

1.1. Os levantes e sonhos de São José

O papa Francisco o chama de: "Pai na obediência" (PC, 3) e acrescenta "... manifestando-lhe seu plano de salvação, também revelou a José seus desígnios por meio de sonhos" (*ibdem*). São

José é visitado por um anjo e recebe dele instruções sobre o nascimento de Jesus (a questão dos anjos deve ser refletida com mais cuidado e zelo pastoral).[3]

José carrega, em sua história, os sonhos e as decisões, e isso é bem diferente de apenas sonhar. Ele tem sonhos de realidade, mas escondidos em "mistérios" indecifráveis da vontade de Deus.

O papa Francisco é um admirador de São José. Dizia ele em uma homilia: "Aparentemente tudo isto parece 'demasiado sutil', lábil demais. E, contudo, é exatamente esse 'o estilo de Deus' com o qual José se identifica plenamente: ele, 'um sonhador', é capaz 'de aceitar esta tarefa gravosa e que tem muito para nos dizer neste tempo de forte sentido de orfandade'. Assim ele aceita 'a promessa de Deus e leva-a em frente, em silêncio, com fortaleza; leva-a em frente para que se cumpra a vontade de Deus" (*Casa Santa Marta*, 20.3.2017).

José é um sonhador obediente. Ao saber da gravidez de Maria, pensa em deixá-la, secretamente, para não a infamar. Mas Deus entra em ação e lhe dá um sonho tranquilizador para que não saísse de seu lugar (Mt 1,20-21). Deus não deixa que ele concretize seu desejo de fugir às escondidas para não sofrer as consequências da gravidez inesperada de sua noiva.

Desse processo de "angústia" nascem os sonhos de José e, também, suas decisões; não fica perdendo seu tempo com questionamentos, com contextos e filosofias da vida para "convencer" Deus de sua impossibilidade humana. Quando Deus chama, dá a capacitação adequada desde que o candidato responda às expectativas; não é uma questão de milagre, mas de disposição ao serviço pelo Reino.

---

[3] Jerônimo Gasques, *Anjos: Deus cuida de nós*, Paulus Editora, 110 páginas, 2013. *Santa Faustina e os Anjos*, Edições Loyola, 2021. 98 páginas. Os dois livros refletem sobre a questão dos anjos em forma de catequese, com destaque nas Escrituras. Escrever sobre os Anjos é, de certa forma, necessário para se refletirem aspectos de formação e de orientação pastoral sobre a atuação dos Anjos. Hoje, existe muita confusão sobre sua missão, e alguns, para completar, dizem "ver" anjos em todo lugar!

São José obedece ao anjo que aparece em seu sonho e toma consigo Maria, grávida por obra do Espírito Santo, como narra o Evangelho de Mateus. Um homem silencioso, mas obediente. José é um homem que carrega sobre seus ombros as promessas de "descendência, de herança, de paternidade, de filiação e de estabilidade" (Papa Francisco 19.3.2017).

Ele é escolhido para se capacitar pelo Reino no "treinamento" do Filho de Deus. Nele aparecem sonhos e decisões. Vejamos, tão bem descritos por Francisco, os três sonhos e os três levantes de José (na Carta Apostólica *Patris Corde*).

> No *primeiro sonho*, o anjo o ajuda a resolver seu grave dilema: "Não temas receber Maria, tua mulher, pois o que nela foi gerado vem do Espírito Santo. Ela dará à luz um filho, e tu lhe porás o nome de Jesus, pois Ele salvará seu povo de seus pecados" (Mt 1,20-21). Sua resposta foi imediata: "ao despertar do sono, José fez o que o anjo do Senhor lhe havia ordenado" (Mt 1,24). Com a obediência, superou seu drama e salvou Maria (cf. PC, 3b).
>
> No *segundo sonho*, o anjo dá esta ordem a José: "Levanta-te, toma o menino e sua mãe, foge para o Egito! Fica lá até que eu te avise, porque Herodes vai procurar o menino para matá-lo" (Mt 2,13). José não hesita em obedecer, não questiona as dificuldades que encontrará: "José levantou-se de noite, com o menino e sua mãe, e retirou-se para o Egito, onde ficou até a morte de Herodes" (Mt 2,14-15) (*in* PC, 3c).
>
> No Egito, com confiança e paciência, José espera do anjo o aviso prometido para voltar a seu país. Logo que o mensageiro divino, em um *terceiro sonho* – depois de lhe informar que tinham morrido aqueles que procura-

> vam matar o menino –, ordena-lhe que se levante, tome consigo o menino e sua mãe e regresse à terra de Israel (cf. Mt 2,19-20), de novo obedece sem hesitar: "Levantando-se, tomou consigo o menino e sua mãe e entrou na terra de Israel" (Mt 2,21) (*in* PC 3, d).

Os levantes de José não são inconsequentes; são frutos de uma decisão amadurecida, de um homem "cheio de graça", à semelhança da divina esposa. José oferece um testemunho claro de seu chamado, mira uma nova resposta à caridade indicada pela sensibilidade humana e se torna o homem da providência divina.

Sua ação se prolonga, nos dias atuais, no migrante que devemos acolher como o Cristo, que passa pedindo hospedagem. Lucas registra as dificuldades do caminho de ida e de volta do protetor do Filho divino (cf. Lc 2,1-7).

Seus sonhos não são devaneios, são proféticos e cheios de decisões pela causa. Foge para proteger e volta para dar continuidade ao plano de salvação. Em José, aprendemos muitas coisas, mas estas três nos interessam de relance: a obediência acima de tudo, sem questionamentos (cf. Mt 1,24; 2,14.21-23); a justiça como prática de vida (cf. Mt 1,19); e o valor do silêncio, lembra o papa Francisco.

É também o "guardião do sonho de Deus": o sonho de Deus de nos salvar, de nos redimir foi confiado a ele. "É grande este carpinteiro!" –, exclamou o papa, "silencioso, trabalhador e guardião que carrega as fraquezas e é capaz de sonhar. Uma figura que tem uma mensagem para todos".

Podemos pensar, ainda, em São José como pai. "Não se nasce pai, torna-se pai... E não se torna pai apenas porque colocou um filho no mundo, mas porque se cuida responsavelmente dele. Sempre que alguém assume a responsabilidade pela vida de outra pessoa, em certo sentido, exercita a paternidade a seu respeito" (PC, 7b).

A carta destaca, enfim, que José teve a coragem de assumir a paternidade legal de Jesus, a quem deu o nome revelado pelo anjo: "Tu lhe porás o nome de Jesus, pois Ele salvará seu povo de seus pecados" (Mt 1,21).

2. São José, Patrono da Igreja

No dia 19 de março, a Igreja celebra o esposo da Virgem Maria, o castíssimo São José. Segundo a tradição, um homem adulto, que acolheu Maria, fazendo, assim, parte do projeto de amor de Deus Pai pela humanidade (aqui, preferimos imaginá-lo bastante jovem; se bem que a idade cronológica não fazia diferença em sua época).

Busquemos, pois, uma razão para a celebração de seu dia, pelo qual, assim como a Igreja, o magistério se interessou. Vamos considerar, de forma geral, o interesse dos Santos Padres pela devoção, além do que consta no calendário litúrgico, e a introdução de seu nome na liturgia.

A Igreja sempre auscultou essa devoção com cuidado e zelo pastoral, para que não se ultrapassassem as fronteiras da fé e para que não se desse a intenção de uma supra importância a José. Também sempre "ouviu" o que os santos diziam sobre ele. Santa Teresa d'Ávila (1515-1582), a primeira doutora da Igreja, a reformadora do Carmelo, disse: "Quem não achar mestre que lhe ensine a orar, tome São José por mestre e não errará o caminho". E declarava que em todas as suas festas lhe fazia um pedido e que nunca deixou de ser atendida. Ensinava ainda que cada santo nos socorre em uma determinada necessidade, mas que São José nos socorre em todas.

Mesmo sendo o pai adotivo, tomou conta do Filho de Deus, encarnado na santíssima Mãe, e foi exemplo de paciência, honestidade, obediência e compreensão. Alguém que deixou que Deus agisse em sua vida e aceitou esse plano, sabendo que tudo isso mudaria as estruturas da época (cf. Mt 1,18-24).

São Jose é um exemplo de homem, de esposo e de pai para a humanidade. Vamos celebrá-lo com alegria. "Ele tornou-se, portanto, um depositário singular do mistério 'escondido desde todos os séculos em Deus' (cf. Ef 3,9), como se tornara Maria, naquele momento decisivo em que foi chamado pelo Apóstolo 'plenitude dos tempos', quando 'Deus enviou seu Filho, nascido de mulher... para resgatar os que se encontravam sob o jugo da lei e para que recebêssemos a adoção de filhos'" (Gl 4,4-5) [RC, 5].

São José é considerado um homem de fé, à semelhança de Abraão. Homem do silêncio, causou impacto em sua maneira de entender a vontade de Deus e esteve disponível a aceitar tudo o que o anjo do Senhor lhe apresentava. Não vacilou um só momento. Enfim, foi obediente aos desígnios de Deus. Modelo de cristão sem o ser, entretanto!

Notamos em José, sobretudo, um aspecto de sua missão: a vida familiar. Ele foi uma presença atenta, carinhosa e permanente junto de Maria e o Menino Jesus. Protegeu e guardou com fidelidade a Sagrada Família. Foi admirável a coragem de José em deixar tudo e seguir para o Egito, a fim de proteger o Menino Jesus.

> São José é o protetor da Igreja, que peregrina em todo o mundo. Devemos ter uma profunda devoção por ele, afinal, protegeu Maria e Jesus e é modelo de virtudes. Afastai para longe de nós, ó Pai amantíssimo, a peste do erro e do vício que arruína o mundo. Assisti-nos propí-

> cio do alto do céu, ó nosso fortíssimo protetor, na luta contra o poder das trevas; e assim como outrora salvastes da morte a vida ameaçada do Menino Jesus, assim também agora defendei a Santa Igreja de Deus contra as ciladas de seus inimigos e contra toda a adversidade (*Leão XIII*).

Em tempos difíceis, devemos aprender a recorrer a São José. Em 1621, o papa Gregório XV estendeu sua festa a toda a Igreja. Já em 1870, o papa Pio IX declarou José o patrono da Igreja Universal. Por muitas décadas, 19 de março foi um dia de preceito para a Igreja, ou seja, uma obrigação ir à missa nesse dia. Esse costume durou até a reformulação do calendário litúrgico do Concílio Vaticano II.

> As razões pelas quais o Bem-aventurado José deve ser considerado especial Patrono da Igreja, e a Igreja, por sua vez, deve esperar muitíssimo de sua proteção e de seu patrocínio, provêm principalmente do fato de ele ser esposo de Maria e pai putativo de Jesus (...). José foi, a seu tempo, legítimo e natural guardião, chefe e defensor da divina Família (...). É algo conveniente e sumamente digno para o Bem-aventurado José, portanto, que, de modo análogo àquele com que outrora costumava socorrer santamente, em todo e qualquer acontecimento, a Família de Nazaré, também agora cubra e defenda com seu celeste patrocínio a Igreja de Cristo (cf. Carta Encíclica do papa Leão XIII sobre *São José, Patrono da Igreja* (15.8.1889). *Nos passos de São José*, Luiz A. S. Rossi, 24ª meditação).

Em 1956, o papa Pio XII (1939-1958) instituiu a festa de São José Operário, a ser celebrada em rito duplo de primeira classe no dia 1º de maio, dia Universal do Trabalho.

O grande doutor da Igreja, Santo Agostinho, comparou os outros santos às estrelas, e São José, ao sol. A esse grande santo Deus confiou suas riquezas: Jesus e a Virgem Maria. Por isso o papa Pio IX, em 1870, declarou São José Padroeiro da Igreja Universal com o decreto "Quemadmodum Deus". Leão XIII, na Encíclica "Quanquam Pluries", propôs que ele fosse tido como "advogado dos lares cristãos". Pio XII o declarou como "exemplo para todos os trabalhadores" e fixou o dia 1º de maio como festa ao José Trabalhador.

Celebrando os 150 anos da publicação da Encíclica de Pio IX, papa Francisco proclamou o "Ano de São José", de 8 de dezembro de 2020 a 8 de dezembro de 2021. Publicou, por essa ocasião, a Carta Apostólica *Patris Corde*.

O papa Francisco nos indicou que

> A vida espiritual, que José nos mostra, não é um caminho a ser explicado, mas um caminho a ser acolhido. Somente a partir desse acolhimento e dessa reconciliação é que se torna possível enxergar também uma história mais sublime, um significado mais profundo. Parecem ecoar as palavras inflamadas de Jó, quando, desafiado pela esposa a rebelar-se contra todo o mal que lhe estava acontecendo, responde: "Se recebemos de Deus os bens, não deveríamos receber também os males?" (Jó 2,10) (*ibidem*, 4c).

São José é o construtor da "Casa de Nazaré". Ele é o patrono da "Casa dos Sonhos" (cf. Mt 1,18-25). O coração de José estava cheio de dúvidas. Deus lhe enviou o Anjo para apaziguar sua aflição. Deus entrou pela fresta de seu olhar compassivo e duvidoso. Homem da sublime hospitalidade, aprendeu a acreditar. Necessitou de uma intervenção divina em sua vida.

Ele é uma expressão do acolhimento em pessoa. Nele, uma portinha se abriu para que a salvação se encontrasse em um espaço humano de alteridade. José era a alegria da casa, além do nascimento de uma criança. Quão puro deveria ser aquele lar invadido por um choro divino, que, talvez, ecoasse pelas ruelas de Nazaré. O Menino era um mistério guardado em segredo pelo santo casal. Que zelo, dedicação e silêncio!

Acreditamos, também, que existiu sofrimento... Aquele silêncio obsequioso de José e de Maria, a respeito da divindade do Filho que acolhiam em sua casa, era possivelmente uma espécie de martírio para o casal. Como dizer quem seria aquela criança além de seu filho? Até disseram: (Mt 13,55) "Ora, não é este o filho do carpinteiro? O nome..." (cf. Jo 6,42).

Em José, o povo ouviu o choro de Deus a se fazer frágil e indefeso! A "Casa das dúvidas e de sonhos" se transformou em modesto acampamento: Deus veio habitar entre nós. José e Maria eram os defensores de tão nobre causa.

São José é considerado o padroeiro dos lares e das famílias, dos administradores, da boa morte, dos carpinteiros, dos marceneiros e dos operários. O povo do Nordeste o tem como intercessor diante do flagelo da seca. Sempre rezam: São José, rogai por nós!

2.1. Patrono da Pastoral do Dízimo

São José nos remete à experiência do dízimo. Buscamos nele essa referência. A partir de seu nome, encontramos algum ponto de sustentação para a afirmação positiva. Somos, de certa forma, informados que ele foi cumpridor das leis do Antigo Testamento e, uma delas, urgiria a prática do dízimo.

São José é o Padroeiro da Igreja Universal, da boa morte, das famílias, dos pais, das mulheres grávidas, dos viajantes, dos imigrantes, dos artesãos, dos engenheiros e trabalhadores. E também é padroeiro das Américas, Canadá, China, Croácia, México, Coreia, Áustria, Bélgica, Peru, Filipinas e Vietnã.

Seu nome, que tem origem no hebraico *Yosef*, tem um significado extraordinário: "Ele acrescentará", "aquele que acrescenta", "acréscimo do Senhor" ou "Deus multiplica". Por aí buscamos o alicerce da proteção/patronato.

Foi um nome muito comum entre os judeus na Idade Média e, no início, foi pouco frequente entre os cristãos. Passou a ser popularizado na Espanha e na Itália no final da Idade Média, em razão da veneração a São José.

Seu significado evoca a lembrança do dízimo cristão. Muitos aprenderam, pelos anos, a fazer essa experiência de Deus em sua vida, imitando a experiência de José, que, certamente, fora dizimista e ensinara Jesus a fazer o mesmo.

As descrições de suas idas ao Templo [p. ex. a apresentação de Jesus ao Templo] evocam essa necessidade de partilha e de comunhão com a religião de seu tempo (cf. Lc 2,21-39; Lv 2). Como bom judeu, não poderia ter deixado a lei do dízimo de lado, e a apresentação das ofertas aproximam dessa ideia "pastoral" (cf. Lc 2,24: *as leis cerimoniais*).

Foram também oferecer o sacrifício – um par de rolas ou dois pombinhos –, como está ordenado na Lei do Senhor (v. 24). O sacrifício exigido pela purificação da mulher era um cordeiro, "se ela não tem meio para comprar um cordeiro, pegue um par de rolas os dois pombinhos" (Lv 12,8). O fato de José e Maria não terem condições de oferecer um cordeiro demonstra, mais uma vez, a situação de pobreza em que Jesus nasceu (cf. v. 7; cf. 2Cor 8,9).

O dízimo nasce da experiência de fé na comunidade. São José nos atiça à lembrança de sempre renovarmos o desejo de sermos bons dizimistas. O dízimo não é questão de pobreza ou de riqueza, mas de disposição em comungar o plano de Deus; não é também o que damos, mas o que fazemos.

As disposições da Sagrada Família indicam esta necessidade: a caridade a todo custo da misericórdia divina. O casal era pobre, mas não descuidou da atenção à Lei. O dízimo é o reconhecimento daquele que aprendeu, no decorrer da vida, a experimentar o quão Deus é bom. Muito mais que certo, isso foi ensinado para Jesus, haja vista seu magnífico "Sermão da Montanha" (cf. Mt 5–7).

A Casa de Nazaré foi a escola em que Jesus aprendeu as primeiras lições de solidariedade, de comunhão, de partilha, de cura dos endemoninhados, dos paralíticos etc. (35 milagres e cf. Jo 21,25; 4,48; 2,7-11).

Desejamos apenas registrar esse fato, aprendendo com São José a obediência à Palavra de Deus, buscar nele a referência para a vida cristã e ser motivados pelo peso de seu nome. Outras ideias poderão ser encontradas em nossos livros sobre o dízimo.[4]

MEDITAÇÃO

1. Como imaginamos o casamento de José com Maria?
2. Pedimos pela Igreja em que circunstâncias?
3. Como seria a casa de José?
4. Vamos nos propor a tornarmos missionários de São José, divulgando a devoção a ele e os livros sobre ele?
5. Podemos imaginar a experiência do dízimo na comunidade?

[4] O leitor poderá conferir da autoria do Pe. Jerônimo Gasques: *O Dízimo, a experiência que faltava em sua vida* (Paulus); *As Sete Chaves do Dízimo* (Paulus); *As Cinco Leis do Dízimo* (Paulus); *Manual Essencial do Dízimo* (Loyola); *O Dízimo e Captação de Recursos* (Paulus); *As Dez Lições do Dízimo* (Santuário); *O Dízimo em Cada Dia* (Recado); *O Desafio do Dízimo* (Loyola); *Juventude e Dízimo* (Partilha) e outros títulos disponíveis. Em cada um, o autor aborda sua relação com a experiência na comunidade cristã.

3. Um pouco da história e da festa de São José

A festa de São José se insere no calendário litúrgico, no dia 19 de março. Certamente, é uma data rememorada por todos os cristãos católicos. Vamos, um pouco, na história do que os evangelhos deixaram como narrativa. Vida e festa de São José se misturam!

O culto a São José começou, provavelmente, no Egito, passando mais tarde para o Ocidente, onde hoje alcança grande popularidade. Em 1870, o papa Pio IX o proclamou "O Patrono da Igreja Universal", e, a partir de então, passou a ser cultuado no dia 19 de março de cada ano. Veja a quantidade de séculos que se levou para a definição da festa firmada em José.

São José foi inserido no calendário litúrgico Romano em 1479. Sua festa é celebrada no dia 19 de março em todo o mundo católico. Assim se expressou Bento XV: "Se considerarmos as hodiernas calamidades que afligem o gênero humano, torna-se mais evidente ainda a oportunidade de intensificar o tal culto [a São José] e difundi-lo ainda mais entre o povo cristão".

O papa Francisco, ao publicar a Carta sobre São José, evocou a lembrança da pandemia – COVID 19 – pela qual o mundo passou: "Quantas pessoas diariamente exercitam a paciência e infundem esperança, tendo como objetivo não semear pânico, mas corresponsabilidade! Quantos pais, avôs, quantas mães, avós e quantos professores mostram a nossas crianças, com pequenos gestos do dia a dia, como enfrentar e atravessar uma crise, readaptando hábitos, levantando o olhar e estimulando a oração! Quantas pessoas rezam, sacrificam-se e intercedem pelo bem de todos" (*Introdução*).

São Francisco de Assis e, mais tarde, Santa Teresa d'Ávila foram grandes santos que ajudaram a divulgar a devoção a São José. No ano de 1889, o papa Leão XIII, em um de seus grandes documentos, exaltou as virtudes de São José.

O papa Bento XV declarou São José como o patrono da justiça social. Para ressaltar a grande qualidade e o poder de intercessão de São José como "trabalhador", papa Pio XII instituiu uma segunda festa em homenagem a ele: a festa de "São José operário".

Em 1955, Pio XII declarou 1º de maio dia de "São José operário, o trabalhador". O próprio Cristo quis ser trabalhador manual, passando grande parte de sua vida na oficina de São José, o santo das mãos calejadas, o carpinteiro de Nazaré.

> Os proletários e os operários – escrevia Leão XIII, o papa da "Rerum Novarum" – têm como direito especial o de recorrer a São José e de procurar imitá-lo. José, de fato de família real, unido em matrimônio com a mais santa e a maior entre todas as mulheres, considerado como o pai do Filho de Deus, não obstante tudo, passou a vida toda a trabalhar e tirar de seu trabalho de artesão tudo o que era necessário ao sustento da família (cf. *Rerum Novarum*, sobre a condição dos operários, 15.5.1891).

Por sua vez, João Paulo II, em sua Encíclica "Laborem Exercens", sublinhou que, "mediante o trabalho, o homem não somente transforma a natureza, adaptando-a a suas próprias necessidades, mas também se realiza a si mesmo como homem e até, em certo sentido, 'torna-se mais homem'".

São João Paulo II o invocou como "Guardião do Redentor" (cf. Exortação Apostólica *Redemptoris Custos*, 15 de agosto de 1989. O povo invoca-o como "padroeiro da boa morte", CIC, 1014).

Apesar de ter grande importância dentro da Igreja Católica, o nome de São José não é muito citado dentro de suas fontes bibliográficas, sendo, apenas, mencionado nos Evangelhos de São Lucas e São Mateus. Poucos teólogos lhe dedicaram alguma reflexão mais aprofundada; José continua escondido e marginalizado na reflexão. Nem a teologia pastoral lhe dedicou mais atenção. Igualmente, poderíamos imaginar os movimentos familiares.

Descendente de Davi, São José era carpinteiro na Galileia e comprometido com Maria. Segundo a tradição popular e apócrifa, a mão de Maria era cobiçada por muitos pretendentes, porém foi a José que ela foi concedida. Sobre isso apareceram algumas lendas descrevendo essa hipótese (cf. nosso livro sobre *São José: o lírio de Deus*, Paulus).

Quando Maria recebeu a anunciação do anjo Gabriel de que daria à luz o menino Jesus, José ficou bastante confuso porque não teve parte na gravidez e confiava na fidelidade dela. Resolveu, então, terminar o noivado e deixá-la secretamente. Porém, em um sonho, um anjo lhe apareceu e contou que o Menino era Filho de Deus e que ele deveria manter o casamento. Os evangelhos detalham essa cena com mais cuidado (Mt 1,18-25). Como José se sentiu grato pelo assunto ter sido esclarecido! Sem demora, ele fez o que o anjo disse e levou Maria para sua casa. Esse ato público equivale a uma cerimônia de casamento, deixando claro que José e Maria estavam, oficialmente, casados.

José esteve ao lado de Maria em todos os momentos, principalmente na hora do parto, que aconteceu em um estábulo, em Belém. Essa ideia, certamente, não está ilustrada nos Evangelhos, mas se encontra na consciência de qualquer pessoa.

Quando Jesus tinha por volta de dois anos, José foi, novamente, avisado por um anjo de que deveria fugir de Belém para o Egito, porque todas as crianças do sexo masculino estavam sendo exterminadas, por ordem de Herodes (cf. Mt 2,13-18). O Egito, simbolicamente, passou de lugar da opressão para lugar de proteção!

José, Maria e Jesus fugiram para o Egito e permaneceram lá até que um anjo avisasse da morte de Herodes. O maior questionamento é sobre como fizeram aquele percurso! Temendo um sucessor do tirano, José levou a família para Nazaré, uma cidade da Galileia. Segundo alguns estudiosos, ficaram, por lá, aproximadamente por quatro anos!

Outro momento da vida de Cristo em que José apareceu na condição de seu guardião foi na celebração da Páscoa Judaica, em Jerusalém, quando Jesus tinha 12 anos (cf. Lc 2,41-52), conforme ordenara a Lei. Esse fato explica a situação em que o evangelista inseriu a cena de aparente descuido de seus pais. Curiosamente, esse texto também tem uma equivalência sobre a crônica de uma morte anunciada (é o que se deduz dos estudos de exegese).[5]

Em companhia de muitos de seus vizinhos, José e Maria voltavam para a Galileia com a certeza de que Jesus estava no meio do grupo. Ao chegar à noite e não terem notícias de seu filho, regressaram para Jerusalém em uma busca que durou três dias. Essa cena nos surpreende por sua singularidade e seu difícil entendimento. Não se preocupar com o menino não deixa de ser algo estranho a nosso tempo.

Para a surpresa do casal, Jesus foi encontrado no templo em meio aos doutores da lei mais eruditos, explicando coisas que os deixavam admirados. Bem que esse encontro causou alegria ao casal e admiração pelo filho!

Apesar da grande importância de José na vida de Jesus Cristo, não há referências escritas da data de sua morte. Nos primeiros séculos da Igreja, conforme narra Isidoro de Isolanis, costumava-

---

[5] Que família descuidada! Esse relato, que é a única recordação que se conservou da adolescência de Jesus, tem uma grande importância no Evangelho de Lucas, por duas razões. Primeiro, porque contém as primeiras palavras pronunciadas por Jesus, segundo esse escrito. E, segundo, porque essas palavras não são sobre um tema, mas referem-se a sua própria pessoa e afirmam que ele é o Filho de Deus, obediente à vontade de seu Pai, que está no céu. É possível que seus pais caminhassem durante um dia inteiro sem se darem conta de que Jesus faltava? A distância entre Jerusalém e Nazaré é de 140 quilômetros, e os peregrinos costumavam percorrer uns 30 quilômetros por dia, detendo-se umas duas horas e meia da jornada para comerem todos juntos. É imaginável que José e Maria fizessem essa paragem e essa refeição sem se darem conta de que Jesus não estava com eles?

-se ler nas igrejas do Oriente, todo dia 19 de março, uma narração solene da morte do pai adotivo do Filho de Deus:

> Eis chegado para São José o momento de deixar esta vida. O Anjo do Senhor lhe apareceu e anunciou ter chegado a hora de abandonar o mundo e ir repousar com seus pais. Sabendo estar próximo seu último dia, quis ele visitar, pela última vez, o Templo de Jerusalém, e lá pediu ao Senhor que o ajudasse na hora derradeira...[6]

Acredita-se que José tenha morrido antes da crucificação de Cristo, quando tinha, em média, entre 40 e 50 anos. Os Apócrifos tentam descrever esse momento com detalhes surpreendentes, mas não vêm ao encontro do objeto de nossa fé. Esse é, apenas, um dado curioso e de farta especulação.

Nosso livro tem como subtítulo: *o Santo do Impossível*. José realizou, em sua vida, coisas impossíveis, incríveis segundo a natureza humana. Teve atitudes que ultrapassaram as raias do lógico e se lançou na aventura do amor em busca do infinito Deus de forma obediente. Suas decisões são consideradas absurdas diante do provisório da vida; teve atitudes que nos deixam perplexos. Se foram normais para ele ou não, não sabemos! Apenas intuímos essa busca e decisão quase impossível de entender.

O devoto josefino pode encontrar, em José, uma fonte de inspiração no que tange à motivação para sua espiritualidade. Pen-

---

[6] Segundo se conhece, pela história, o dominicano Isidoro de Isolanis escreveu o primeiro tratado sobre São José (1477-1528). Isidoro de Isolanis chegou a pôr a vocação de São José acima da dos Apóstolos. Ele notou que a vocação dos Apóstolos tinha por fim pregar o Evangelho, esclarecer as almas, reconciliá-las, mas que a de José era mais diretamente relativa ao próprio Cristo, já que era o esposo da Mãe de Deus, o pai nutrício e defensor do Salvador (cf. *Summa de donis Sancti Joseph* – obra muito louvada por Bento XIV–, Paris IIIª, c. XVIII). Todo esse capítulo expõe a superioridade da missão de São José sobre a dos Apóstolos. Ver também *ibidem*, c. XVII: "De dono plenitudinis gratiæ (*in* São José). Seguem-no Gerson, São Bernardino de Sena, Santa Teresa, Suarez, Santo Afonso e outros.

sar em prosperidade é, com certeza, o desejo de todos os envolvidos nessa dinâmica.

Normalmente, a prosperidade é relacionada com a abundância de bens e riquezas materiais. Aqui, buscamos a sabedoria da vida como componente, inclusive, de sua personalidade.

No entanto, existe o conceito, difundido, principalmente, por algumas doutrinas religiosas, de que esta qualidade também é referente ao comportamento emocional dos indivíduos, envolvendo seu equilíbrio mental e espiritual. O indivíduo parece refém da lógica do sujeito bem-sucedido, isto é, somente os mais competentes e bem capacitados conseguem encontrar um lugar em um mercado exigente de adequação contínua, reatualização e competências emocionais (Luzia C. Almeida).

Muitos buscam, no campo empírico, aquelas informações de treinamentos de alguns *master coach* (p. ex. Paulo Vieira), veiculados no *YouTube,* e outros de expressão motivacional. A maioria se encanta com a facilidade de superação de conflitos. Vivemos o efêmero no universo virtual.

Hoje, de forma mais alargada, está a se explorar a chamada "Cultura de coaching" como uma nova expressão de prosperidade. Cultura de *coaching* é uma ferramenta para o crescimento, superação de desafios e aumento do potencial humano, segundo alguns inspiradores da doutrina.

MEDITAÇÃO

1. Como celebro a festa de São José?
2. Dou destaque a essa data com preparação: novena, orações etc.?
3. Descubro sua história a partir dos evangelhos para celebrar sua data?
4. Comentar sobre o matrimônio de José e Maria.

3.1. O mês dedicado a São José

Em muitas comunidades, celebra-se a festa de São José, dedicando a ele um mês de reflexão. Aqui, certamente, está a maturidade de uma comunidade no que tange à festa do Patriarca. Preparar sua celebração, uma novena ou um tríduo reflete passos devocionais amadurecidos.[7]

A devoção a São José, por muitos séculos, se não foi ignorada e desconhecida, não teve o merecido brilho, fervor e entusiasmo. Agora, porém, há duas ou três festas litúrgicas em sua honra: 19 de março, seu Patrocínio, na quarta-feira depois do segundo domingo da Páscoa, e 1º de maio.

Há, em todo o mundo, um afervoramento na bela devoção. Era justo que também se escolhesse um mês para São José. Agora, porém, em todo o universo, a Igreja canta e celebra com esplendores as glórias do Santo Esposo de Maria.

Essa prática de celebrar o mês de São José teve origem na Itália, principalmente, na cidade de Roma. O povo romano sempre consagrou especial devoção a ele e, assim, não se contentava em honrá-lo apenas em sua festa litúrgica do dia 19 de março. Algumas pessoas mais resolutas resolveram celebrar, unidas, cada dia do mês de março com uma prática especial.[8]

O Santo Padre abençoou e incentivou a propaganda dessa devoção. Da Itália, difundiu-se rapidamente, no século XIX, para a França. Depois se tornou universal, sendo levada pelas missioná-

[7] Mons. Dr. José Basílio Pereira, *Mês dedicado a São José*, Bahia, 5 de janeiro de 1948. Editora Permanência, 70 páginas. O texto se encontra na Internet (*enedrive.live.com*). Acesso em: abril de 2019. Aqui consta um belo roteiro de trinta dias de meditação e de reflexões sobre alguns santos devotos de São José. Além de uma bela catequese josefina.

[8] Pe. Ascânio Brandão, *Glória e poder de São José*, 1945, Editora Ave-Maria, p. 11.

rias ao Oriente e ao mundo todo.[9] Em 11 de junho de 1855, Pio XI indulgenciou a devoção desse mês consagrado a São José.

Encontramos bons materiais sobre esse devocional. Recomendamos, particularmente, o do Pe. Tarcísio Stramare, OSJ, que se dedicou à reflexão sobre a josefologia. Dele podemos haurir algumas inspirações da devoção e da teologia josefina.[10] Ele coteja algumas informações a respeito dessa piedosa devoção. Ele informa que foi impresso, em Veneza, no ano de 1802, para uso de uma Confraria da Paróquia de Santo Agostinho, em Modena, um opúsculo intitulado "Il mese del Giglio, ossia il mese di giugno consacrato a san Giuseppe". Excêntrico, o mês escolhido, menos excêntrico, o título. Todavia foi o início de uma prática de piedade que foi se consolidando, aos poucos, e já ultrapassa duzentos anos (p. 3).

Giuseppe Marconi também publicou, em Roma, no ano de 1810, "Il mese di marzo consacrato al glorioso patriarca San Giuseppe", edição que teve pleno sucesso também em outras línguas e consagrou-se com esse título. A prática do mês de São José foi, em seguida, aprovada e indulgenciada pelo papa Pio IX (27 de abril de 1865) e pelo papa Pio XI (21 de novembro de 1933). No dia 4 de fevereiro de 1877, o papa Pio IX permitia dar início ao mês de São José, nos dias 16 ou 17 de fevereiro. [11]

---

[9] Conferir as fontes: *Glória e poder de São José* – Mons. Ascânio Brandão – Editora Ave-Maria Ltda e *Mística Cidade de Deus* – Soror Maria de Águeda – Edição do Mosteiro Portaceli – Ponta Grossa, PR. Editado em 1945. "Aí vão trinta e um capítulos para meditações ou piedosas leituras do mês de março" (introdução).

[10] Pe. Tarcísio Stramare, OSJ, *Mês dedicado a São José*, com tradução do Pe. João Battista Erittu, OSJ. Curitiba, 2010. O livro trazia outro título: *São José revisado*. Publicado, posteriormente, na Itália com o título original: *Il mese di marzo dedicato a san Giuseppe*, Editrice Shalom, 2015.

[11] Pe. Tarcísio Stramare, *Com São José, na estrada de Jesus*, Editora Santuário, 2019, 128 páginas. Esse livro foi escrito pelo reconhecido estudioso de josefologia (teologia de São José), Pe. Tarcísio Stramare, osj. Trata-se de uma proposta de meditação para o período de um mês sobre a figura e a missão de São José na história da salvação, em relação tanto a Jesus quanto à Igreja. Ao final de cada reflexão, é apresentado um "testemunho", seguido da "oferenda espiritual" e uma "jaculatória".

Segue, enfim, um modo para o devoto iniciar o mês dedicado a São José. O esquema é este, e o leitor acrescentará, a seu modo, os textos de acréscimos (tendo em vista nossos livros). Segue o modelo:

Mês dedicado a São José
(Orações para todos os dias)

Invocação ao Espírito Santo:
Vinde, Espírito Santo, enchei os corações dos vossos fiéis e acendei neles o fogo do vosso amor. Enviai o vosso Espírito, Senhor, e tudo será criado. E renovareis a face da terra.

Oração
Deus, que esclarecestes os corações de vossos fiéis com as luzes do Espírito Santo, concedei-nos por esse mesmo Espírito conhecer e amar o bem, e gozar sempre de suas divinas consolações. Por Jesus Cristo, Nosso Senhor. Amém.

Oração preparatória
Com humildade e respeito aqui nos reunimos, ó divino Jesus, para oferecer, todos os dias deste mês, as homenagens de nossa devoção ao glorioso Patriarca São José. Vós nos animais a recorrer com toda a confiança a vossos benditos Santos, pois as honras que lhes tributamos revertem em vossa própria glória. Com justos motivos, portanto, esperamos vos seja agradável o tributo cotidiano que vimos prestar ao Esposo castíssimo de Maria, vossa divina Mãe, a José, vosso amado Pai adotivo.

Ó meu Deus, concedei-nos a graça de amar e honrar a José como o amastes na terra e o honrais no céu. E vós, ó glorioso Patriarca, pela vossa estreita união com Jesus e Maria, vós que, à custa de vossas abençoadas fadigas e vossos suores, nutristes a um e outro, desempenhando neste mundo o papel do Divino Pai Eterno, alcançai-nos luz e graça para terminar com fruto este devoto exercício que, em vosso louvor, alegremente começamos. Amém.

Leem-se a Meditação e o exemplo próprios do dia e, depois, rezam-se três Pai-nossos, Ave-Marias e Glória. O leitor poderá fazer uso de uma das páginas deste livro ou de outro sobre São José.

Oração

Ó glorioso São José, a bondade de vosso coração é sem limites e indizível, e, neste mês, em que a piedade dos fiéis vos consagrou, mais generosas do que nunca se abrem as vossas mãos benfazejas. Distribuí entre nós, ó nosso amado Pai, os dons preciosíssimos da graça celestial, da qual sois ecônomo e o tesoureiro. Deus vos criou para seu primeiro esmoler. Ah! Que nem um só de vossos servos possa dizer que vos invocou em vão nestes dias.

Que todos venham, que todos se apresentem ante vosso trono e invoquem vossa intercessão, a fim de viverem e morrerem santamente, a vosso exemplo nos braços de Jesus e no ósculo beatíssimo de Maria. Amém.

Ladainha de São José (*segue, no livro, mais abaixo*)

Jaculatórias

– Amado Jesus, José e Maria, eu vos dou meu coração, alma e vida minha. Pai-nosso, Ave-Maria e Glória ao Pai (*três vezes*).

Enfim, terminemos com estas palavras do Cardeal Lépicier (França, 1863-1936), que estão em seu livro “São José: esposo da Santíssima Virgem”:

A grandeza de São José provém de três fontes: primeiro, de suas relações com o Verbo Encarnado; segundo, de suas relações com a Santíssima Virgem; terceiro, de suas relações com a Igreja. Consideramos essa tríplice coroa que cinge a fronte do glorioso Patriarca... Era, pois, justo que a obra da redenção de Jesus Cristo fosse distribuída sobre São José de uma maneira mais eficaz àquele que foi unido por vínculos tão apertados (cf. Editora Eclesiae, 2014).

3.2. O patrono da boa morte

Esse é um ponto que poucos tocam na espiritualidade josefina. A vida de São José, a assistência de Jesus e de Maria, tudo contribui para fazer sua morte preciosa aos olhos do Senhor. A morte de São José: misteriosa, mas a mais sublime que se possa imaginar.

Nenhum documento oficial registra sua passagem para a eternidade, mas é comumente aceito que ele faleceu antes do início da vida pública de Jesus. Apenas os documentos apócrifos mostram algum detalhe do fato, mas sem base histórica, são apenas especulativos. Esses documentos, enfim, saciam a curiosidade daqueles que desejam, a todo custo, uma explicação.

Os documentos da Igreja não retratam sua morte pelo fato de não fazerem parte da história da salvação, que passa por Jesus Cristo. Sua morte é, apenas, um detalhe de sua existência mortal como a de qualquer um de nós. Ficamos, mais, no âmbito da curiosidade, da "existencialidade" e da piedade cristã. Não são fatores preponderantes à fé cristã, tão somente pertencentes à piedade popular.

Nos primeiros séculos da Igreja, conforme relatou Isidoro de Isolanis, costumava-se ler nas Igrejas do Oriente, todo dia 19 de março, uma narração solene e piedosa da morte do pai adotivo do Filho de Deus com os seguintes dizeres:

> Eis chegado para São José o momento de deixar esta vida. O Anjo do Senhor lhe apareceu e anunciou ter chegado a hora de abandonar o mundo e ir repousar com seus pais. Sabendo estar próximo seu último dia, quis ele visitar, pela última vez, o Templo de Jerusalém, e lá pediu ao Senhor que o ajudasse na hora derradeira. Voltou a Nazaré e, sentindo-se mal, recolheu-se ao leito, agravando-se em breve seu estado. Entre Jesus e Maria, que o assistiam com carinho, expirou suavemente, abrasado no Divino Amor.
>
> Oh, morte bem-aventurada! Como não havia de ser doce e abrasada no Divino Amor a morte daquele que expirou nos braços de Deus e da Mãe de Deus? Jesus e Maria fecharam os olhos de São José.[12]

E na "Suma dos dons de São José" (em 1522), exprimiu: "Sentei-me na cabeceira de José e minha mãe sentou-se a seus pés... Vieram Miguel e Gabriel a meu pai José. Assim expirou com paciência e com alegria...". Ainda nesse relato, Jesus faz uma promessa a quem praticar a devoção para com São José:

---

[12] Isidoro de Isolani, dominicano, 1528. Poucas informações sobre esse religioso. Escreveu uma teologia sobre São José, intitulada: *Summa De Donis Sancti Joseph*, com 660 páginas. Começou escrevê-la em 1514 e a terminou no ano de 1521. Sobre sua história, em resumo: "Nacque intorno al 1480, probabilmente a Milano. Non si conosce la data della sua morte. La fama dell'i. è legata alla Summa de donis s. Ioseph, trattato di indole teologica e devozionale, ripubblicato, nel contesto del rinnovato interesse per la figura di s. Giuseppe, ad Avignone nel 1861 da P. Patrignani con traduzione francese, a Roma nel 1887 da J.-J. Berthier e ancora da B. Llamera con versione spagnola a Madrid nel 1953" (Enciclopédia italiana, in *Treccani.it*). Acesso em: 15 abril de 2019.

> Eu abençoarei e ajudarei cada pessoa da Igreja dos justos que no dia de tua memória, Ó José, oferecer um sacrifício a Deus. E quem meditar sobre tua vida, sobre teus cansaços, sobre teu Trânsito deste mundo, quando este morrer, eu cancelarei do livro seus pecados... Na casa onde houver uma lembrança de ti, não entrará a doença nem a morte improvisamente.

Em vista disso, São Bernardino de Sena afirmou: "Deve-se crer piamente que, durante sua morte (de José), estiveram presentes Jesus Cristo e a sacratíssima Virgem, sua esposa" (*Sermo de S. Joseph Sponso B.M. Virginis*, art. 2, n. 52). Afirmou ainda que a sensibilidade religiosa levou a piedade cristã a considerar, desde os tempos mais antigos, a morte de São José como "um plácido sono entre os braços da Virgem e da casta prole".

"E como não havia de chorar aquele mesmo Jesus que choraria sobre a sepultura de Lázaro? 'Vede como ele o amava!', disseram os judeus. São José não era tão só um amigo, mas um pai querido e santíssimo para Jesus" (São Bernardino).

A morte dos servos de São José é calma e suave. Santa Teresa narrou as circunstâncias que acompanhavam os últimos instantes de suas primeiras filhas, muito devotas de São José. "Observei, disse ela, que, ao momento do último respiro, elas gozavam de grande paz e tranquilidade; a morte delas foi símile ao doce repouso da oração. Nada indicava que dentro delas tivesse agitação da tentação. Aquelas luzes divinas liberam meu coração do temor da morte. Morrer me parece agora a coisa mais fácil para uma fiel devota de São José".

O papa Bento XV, com o motu próprio "Bonum Sane" (25.7.1920), promoveu essa mesma devoção sobre o "trânsito de São José": "sendo que ele é tido, merecidamente, como o mais eficaz protetor dos moribundos, tendo expirado com a assistência de Jesus e de Maria". O mesmo Papa aprovou em 1920, das missas votivas de São José, uma para os moribundos e outra para a boa morte. Na ladainha de São José, aprovada por São Pio X, aos 18/3/1909, tem a invocação aos moribundos.

Os cemitérios cristãos retratam a presença da figura de São José nas lápides. É muito comum encontrar, nos túmulos, algumas lembranças sobre o "Patrono da morte". Muitos pesquisadores se deram ao luxo antropológico de executarem pesquisas nesse âmbito. A tanatologia, por exemplo, preocupa-se com o bem morrer. As pessoas, em geral, desejam continuar "cuidando" de seus entes queridos depois da morte.

São José traz essa lembrança espiritual, bíblica e antropológica. "Embora os avanços científicos na medicina tenham sequestrado a morte para dentro do hospital, quase como um evento proibido, ela precisa ser devolvida para a humanidade. Temos direito de uma morte digna, tanto quanto temos direito a uma vida digna."[13]

Observaram, historicamente falando, no tempo da pandemia (2019), que assolou a humanidade, como eram feitos os sepultamentos: sem a presença dos familiares, sem exéquias e as pessoas eram enterradas em valas, por vezes, comuns. A dor da não despedida foi a mais sentida por aqueles que perderam seus entes queridos.

Fica para todos os devotos de São José o grande desafio: encontrar um ponto de apoio nessa piedade cristã!

[13] Ana Cláudia Quintana Arantes, *A Morte é um dia que vale a pena viver*, Editora Sextante, 2019, 191 páginas. Nessa livro, Ana Cláudia tem a coragem de lidar com um tema que é ainda um tabu. Em toda a sua vida profissional, a médica enfrentou dificuldades para ser compreendida, para convencer de que o paciente merece atenção mesmo quando não há mais chances de cura (Da *Editora*).

A Igreja consagra os cemitérios, abençoa as sepulturas cristãs e pede ao Senhor que mande um Anjo para guardar cada uma delas. Eis a bela oração da bênção do túmulo:

> Ó Deus, cuja misericórdia dá o repouso às almas dos fiéis, dignai-vos abençoar esta sepultura e enviar vosso Anjo para guardá-la. Dignai-vos também livrar dos laços de seus pecados as almas daqueles, cujos corpos estão aqui sepultados, a fim de que gozem continuamente e eternamente a felicidade junto com vossos Santos...

Oração a São José, para pedir a graça da boa morte para si ou para algum moribundo

São José, que morrestes nos braços de Jesus e Maria, meu amável protetor, socorrei-me em todas as necessidades e todos os perigos da vida, mas principalmente na hora suprema, vindo suavizar minhas dores, enxugar minhas lágrimas, fechar suavemente meus olhos, enquanto pronunciar os dulcíssimos nomes: Jesus, Maria, José, salvai minha alma. Amém.

MEDITAÇÃO

1. Vamos organizar o mês de março dedicado a São José. Convidar a comunidade e as famílias para a reflexão, meditação e vivência na espiritualidade.
2. Na reflexão, em grupos de pastoral, pensar o sentido de São José, patrono da boa morte.

II
DEVOÇÕES ATRIBUÍDAS A SÃO JOSÉ

Lidamos com a parte mais polêmica sobre o devocional. Não importa o santo a ser admirado pelos católicos. Aqui, entra a questão do discernimento que deve ser grande para não confundir as pessoas e não se "misturarem" os devocionais. Estamos tratando de religiosidade popular e, com isso, carecemos de alguns esclarecimentos pastorais.

A entrada da Igreja Católica nas terras brasileiras, no século XVI, aconteceu em meio a um grande movimento de expansão mundial, conhecido como movimento colonial, nascido na Europa. Os europeus trouxeram suas devoções e seus interesses comerciais que acabaram se misturando aos interesses escusos (cf. Hoornaert, E. *A Igreja no Brasil-Colônia* (1550-1800), 1982, p. 7).

Fabio de Azevedo Mesquita, analisando a religiosidade popular brasileira, interpreta:

> O catolicismo popular brasileiro não é uniforme, ou seja, tem várias expressões que se diferenciam em muitos aspectos do modelo romano. Uma das expressões desse catolicismo é vivida pelos católicos "sem Igreja".

> "Muito santo, pouco sacramento, muita reza, pouca missa, muita devoção, pouco pecado, muita capela, pouca Igreja" (Hoornaert). Esse tipo de catolicismo é vivido pela maior parte dos católicos, uma população com pouca ligação com a oficialidade da Igreja.[1]

Em geral, as devoções são variadas e algumas delas não são, inteiramente, de índole católica. Existem muitas misturas de devoção e superstição. Necessitamos resgatar o sadio devocional para não iludir as pessoas de que toda e qualquer oração é "boa" e serve para animar a espiritualidade devocional.[2] A religiosidade já veio um tanto defasada da Europa e, aqui, na mistura com os povos nativos, adaptou-se.

Aqui entram as escolhas. Existe uma quantidade muito grande de devoções por aí. A comunidade não pode se iludir com todas. As escolhas são necessárias. Em geral, cada uma tem um interesse particular, e algumas ficam mais no âmbito do interesse financeiro que espiritual. Em geral, essas devoções, de forma alienada, são boas para manter o povo sem o compromisso com a comunidade de fé e são todas isoladas do contexto paroquial.

Dom Canísio Klaus assim reflete: "Essas maneiras de expressar a fé merecem o respeito e apoio da Igreja, pois manifestam o sentimento religioso e a piedade da alma do povo que busca, na

[1] Fabio de Azevedo Mesquita. Revista Eletrônica Espaço Teológico ISSN 2177-952X. Vol. 9, n. 15, jan/jun, 2015, p. 155-174. 155 http://revistas.pucsp.br/index.php/reveleteo – A veneração aos santos no catolicismo popular brasileiro: uma aproximação histórico-teológica, p. 160.

[2] São João Damasceno defendia a veneração das imagens sagradas, em contraposição aos discursos do imperador Leão III (717-741) e aos iconoclastas. Para ele, existiam três categorias de imagens: a primeira seriam as imagens pessoais, ou seja, o Filho de Deus, imagem original do Pai, e o homem, criado à imagem de Deus, são imagens pessoais que imitam ou preparam a realidade. A segunda, dentro da exegese bíblica teológica, refere-se às imagens do Antigo Testamento, que são modelos que prefiguraram a futura salvação em Cristo. E, por fim, como terceira categoria, existiriam as imagens como representações, lembranças da realidade a qual elas representam, semelhante a esta, mas ao mesmo tempo diferente (Revista Eletrônica Espaço Teológico, ISSN 2177-952X. vol. 9, n. 15, jan/jun, 2015, p. 157).

religiosidade popular, saciar a sede do Deus vivo e nele encontrar soluções para seus problemas existenciais. Torna-se, assim, expressão da espiritualidade popular".

Observamos, inicialmente, que essa forma de religiosidade não está interessada no caminhar da igreja, enquanto informe de pastoral e de compromisso com a realidade social etc., é, na maioria, expressão independente da fé popular. Sem concluir, afirmamos que, ainda, há desprezo do catolicismo oficial em relação ao catolicismo popular. Este último é considerado como "uma forma degenerada do catolicismo oficial".

Para entender, de forma resumida: "Trouxeram para o Brasil – os colonizadores – dois tipos de catolicismo: o da religião popular portuguesa e o fortemente marcado pelo Concílio de Trento, caracterizado pela ideia de unidade religiosa, formalismo da religião oficial ou fixação da doutrina" (cf. Comblin J. *Situação Histórica do Catolicismo no Brasil*, 1966, p. 580).

As Diretrizes para o quatriênio 2019-2023 dizem: "Incentivar a piedade popular, historicamente construída e enraizada, como caminho de aprofundamento da fé e não apenas realidade meramente cultural ou folclórica... como também se evita sucumbir diante das pressões mercadológicas, com a criação artificial das devoções" (n. 166).

Portanto, uma das razões que fundamentam a veneração aos santos, hoje, é que eles já vivem em plenitude aquilo que nós experienciamos, em parte, que é a comunhão da Glória de Deus. Diante disso, o desafio de toda a Igreja é buscar redirecionar o povo para uma fé madura, sem exageros e fundamentalismos que não se sustentam. Além disso, deve-se também valorizar as manifestações religiosas do povo, expressas no catolicismo popular. Pedir a intercessão de um santo é juntar-se a ele em oração a Jesus Cristo (cf. Fabio de Azevedo Mesquita, *in* nota 18, p. 170).

O papa João Paulo II, em sua Exortação, anota o sentido dessa proteção: "Este patrocínio deve ser invocado e continua sempre a ser necessário à Igreja, não apenas para defendê-la dos perigos, que continuamente se levantam, mas também, e sobretudo, para confortá-la em seu renovado empenho de evangelização do mundo e de levar por diante a nova evangelização dos países e das nações..." (RC, 19).

As devoções que seguem, na medida do possível, serão acompanhadas de uma pequena reflexão para explicar e inspirar o devoto a fazer seu gesto de piedade de forma consciente e esclarecida. Aproveitamos esse momento para fazer catequese em vista do processo de Iniciação à Vida Cristã (cf. *Doc.* 107).

Nesse ínterim, vamos apresentar algumas devoções e, quando possível, uma pequena catequese a seu respeito. Assim contribui para a formação cristã do devoto.

1. Consagração a Deus por São José

Apenas deve-se entender o sentido da consagração a São José. Muitas pessoas fazem confusão nesse momento. A consagração sempre e somente será feita a Deus e, jamais, a um santo qualquer, por mais devoto e poderoso que seja. O santo sempre ocupará um segundo lugar. O mesmo ocorre com a consagração a Nossa Senhora de Aparecida ou de Fátima.

A Consagração a Nossa Senhora é uma oração de saudação e súplica de intercessão à Virgem Maria, decorrente de uma devoção muito antiga, que remonta aos primeiros séculos da Igreja.

Consagrar-se é responder ao chamado espiritual de Deus. Isso significa tomar uma decisão consciente e disposta em dedicar sua alma, mente, seu coração e corpo a Deus. Exige, certamente, uma totalidade de atitudes e ações. Fundamentalmente, uma espiritualidade amadurecida.

A consagração é um ato importante, que marca uma mudança na vida de uma pessoa ou no uso de qualquer objeto religioso. Consagrar a Deus implica abandonar o pecado e se dedicar a agradar a Deus (Lv 20,7-8). A Bíblia tem exemplos de consagração de objetos, ofertas, certos dias da semana, dízimo, trabalhos e pessoas.

A consagração é o reconhecimento daquele objeto devocional como instrutor da bênção na criação. Esse modo de consagração não implica idolatria, como alguns imaginam. Não se está adorando o objeto devocional, mas reconhecendo os valores da presença de Deus. O mesmo Deus diz ao criar: "E Deus viu tudo que havia feito, e tudo era muito bom" (cf. Gn 1,31).

Todo cristão é chamado para se consagrar a Deus (cf. 1Cor 7,35). Aqueles que creem em Jesus não podem mais viver para o pecado. Na conversão, a vida é consagrada a Deus.

Segue o exemplo da consagração:

Ó Glorioso São José, que Deus escolheu para Pai adotivo de Jesus, para esposo puríssimo da Virgem Maria e chefe da Sagrada Família e que o Sumo Pontífice declarou padroeiro e protetor da Igreja Católica Apostólica Romana, fundada por Jesus Cristo, eu recorro a vós neste momento e imploro, com a maior confiança, vosso poderoso auxílio para toda a Igreja militante.

Protegei especialmente, com vosso amor verdadeiramente paternal, o Vigário de Cristo e todos os Bispos e sacerdotes, unidos a Santa Sé de Pedro.

Defendei os que trabalham pela salvação das almas, entre as angústias e tribulações desta vida, e fazei que todos os povos da terra se sujeitem docilmente à Igreja, que é o meio de salvação necessário para todos.

Dignai-vos também, meu querido São José, aceitar a consagração que vos faço de mim mesmo. Eu me ofereço todo a vós, para que sejais sempre meu Pai, meu protetor e meu guia no caminho da salvação. Alcançai-me uma grande pureza de coração e um amor ardente à vida interior.

Fazei que, seguindo vosso exemplo, todas as minhas obras sejam dirigidas para a maior glória de Deus, em união com o Coração Divino de Jesus, com o Coração Imaculado de Maria e convosco. Amém.

2. Coroa de São José

O que entender dessa devoção? Para implorar seu auxílio em qualquer necessidade, em qualquer dia do ano e, de modo especial, por ocasião de sua festa, ela deve ser feita no período de três dias antes da festa. Seria interessante fazê-la em grupo, mas nada obsta ser feita sozinho.

A oração devocional para implorar seu auxílio será assim:

V.: Louvemos de todo o coração o Senhor Deus nosso, honrando e recomendando-nos com muito fervor a São José, escolhido para a dignidade mais alta e excelente, depois da divina maternidade.

R.: Por todos os séculos dos séculos.

Louvemos e demos graças à Trindade generosíssima, por ter adornado o glorioso Patriarca São José, mais que nenhum outro santo, com seus celestes dons divinos e carismas.

R.: Por todos os séculos dos séculos.

Louvemos e demos graças à Trindade bondosíssima, por ter constituído o glorioso São José sobre sua família e havê-lo instituído, em nosso favor, fiel administrador de todos os seus bens.

R.: Por todos os séculos dos séculos.

Louvado, exaltado e glorificado seja o Pai Eterno, por ter escolhido o excelso São José para que, junto ao Filho de Deus, fizesse suas vezes na terra e por lhe ter dado um coração amoroso e paternal para com o divino Filho, e supliquemos-lhe, com grande fervor e profundíssima humildade, que nos conceda benignamente o que tanto desejamos. Amém.

Pai-nosso, Ave-Maria, Glória.

Louvado, exaltado e glorificado seja o Filho Unigênito, por ter recebido o excelso São José por seu Pai adotivo, e infundido em seu coração um cuidado amoroso e diligente para zelar por sua vida, alimentá-lo, vesti-lo e defendê-lo.

E supliquemos-lhe confiantemente que nos conceda a graça de que tanto necessitamos. Amém.

Pai-nosso, Ave-Maria, Glória.

Louvado, exaltado e glorificado seja o Espírito Divino, que, no notável São José, deu à Virgem Imaculada um esposo castíssimo, muito semelhante à celeste Senhora, e fiel custódio de sua virgindade, enchendo ao mesmo tempo o coração do ilustre Patriarca de muito amor e grande estima do tesouro que lhe tinha confiado.

E roguemos-lhe e até importunemo-lo humildemente e com afeto de filhos, para conseguir a graça de que tanto precisamos, que tanto desejamos e pela qual tanto suspiramos. Amém.

Pai-nosso, Ave-Maria, Glória.

Oração conclusiva

Oh! Glorioso São José, a quem o Pai Eterno comunicou sua paternidade, o Filho divino honrou com esta mesma qualidade e o Espírito Santo escolheu para ser esposo de sua mesma Esposa, eu vos felicito e vos dou mil parabéns, porque fostes levantado a tão alta dignidade e adornado de tantas graças. Mas lembrai-vos, oh Glorioso Santo, que de alguma maneira também sois nosso pai, porque o sois de Jesus, nosso irmão maior.

Não esqueçais ainda que sois verdadeiro esposo de nossa Mãe muita amada e por esse mesmo título também pai dos filhinhos daquele Coração Imaculado.

Ora, cheios de confiança filial, erguemos hoje os olhos e os fitamos nesse vosso rosto bondosíssimo, e a vós bradamos na presente necessidade, bem assim como os pintinhos constantemente bradam por suas mães, e ainda com muito mais razão, porque não há amor de mãe, por extremosa que seja, que iguale nem se possa comparar ao amor que vós nos tendes.

Lançai, pois, um olhar amoroso para os que assim vos contemplam e para os que a vós clamam do fundo de seus corações. Compadeçam-se essas entranhas, já de si tão ternas, das necessidades em que nos encontramos.

Oh! Pai amado, que nossas obras digam com o nome que levais, que significa acréscimo; desempenhai dignamente o título de padroeiro e protetor universal, que vos dá a Igreja. Fazei conosco segundo a multidão de vossas misericórdias, e sejam as obras garantia de vossos ofícios: fazei, enfim, como quem sois.

Olhai, Pai misericordiosíssimo, que não mudastes de condição, que vosso poder estende-se a todas as nossas necessidades; eia, zelai por vossa honra.

E, se tudo isto não bastar, vo-lo pedimos pelo grande amor que tivestes a vossa amada Esposa e ao bom Jesus, de cuja divina presença desejamos gozar convosco, por toda a eternidade, na celeste Jerusalém. Amém.

3. Devoção dos trinta dias com São José

Esta é uma bela devoção! O devoto poderá começá-la em dias diferentes, mas terá de fazê-la durante os 30 dias do mês (uma trintena). E, durante trinta dias contínuos, pedir-lhe-á graças, em reve-

rência aos trinta anos vividos na terra com Jesus e Maria e, urgente e confiadamente, invocando as diversas etapas e os sofrimentos de sua vida.

Sobram motivos para ter a confiança de que ele não tardará em ouvir o pedido e remediar as necessidades. Tão firme é a fé em sua bondade e em seu poder que há a certeza de que se conseguirá o que se precisar e até mais do que lhe for pedido e desejado.

Serão 12 motivos para confiar as súplicas a São José. Para todos os dias seguir esta meditação:

Amado São José!

Do abismo de minha pequenez, ansiedade e meu sofrimento, eu te contemplo com emoção e alegria no céu, mas também como pai dos órfãos da terra, consolador dos tristes, amparo dos desvalidos, regozijo e amor de teus devotos perante o trono de Deus, de teu Jesus e de Maria, tua santa Esposa.

Por isso, pobre e necessitado, a ti dirijo hoje e sempre minhas lágrimas, meus rogos e clamores da alma, meus arrependimentos, minhas esperanças e, especialmente, trago a ti uma dor para que alivies, um mal para que remedeies, um infortúnio para que impeças, uma necessidade para que socorras, uma graça para que obtenhas para mim e para as pessoas que amo.

E durante trinta dias contínuos te pedirei, urgente e confiadamente, em reverência aos trinta anos que viveste na terra com Jesus e Maria, invocando as diversas etapas e os sofrimentos de tua vida. Sobram-me motivos para ter a confiança de que não tardarás em ouvir meu pedido e remediar minha necessidade; tão firme é minha fé em tua bondade e em teu poder que tenho certeza de que me conseguirás o que preciso e até mais do que te peço e desejo.

1. Peço-te pela bondade divina que levou o Verbo eterno a se encarnar e nascer na pobre natureza humana, como Deus de Deus, Deus homem, Deus do homem, Deus com o homem.

2. Suplico-te por tua obediência ao Espírito, ao não abandonares Maria, mas tomá-la como esposa e a seu filho como teu, tornando-te pai adotivo de Jesus e protetor de ambos.

3. Rogo-te por teu sofrimento quando buscavas um estábulo para berço de Deus, nascido entre os homens; por tua dor ao vê-lo nascer entre animais, sem lhe poderes conseguir um lugar melhor.

4. Peço-te pela abertura de teu coração ao te deixares comover com o louvor dos pastores e com a adoração dos reis do Oriente; por tua incerteza ao pensares o que seria desse Menino, tão especial e, ao mesmo tempo, tão igual a todos os outros.

5. Suplico-te por teu sobressalto ao escutares do anjo a morte decretada contra teu filho, o próprio Deus; por tua obediência ao fugires para o Egito, pelos medos e perigos do caminho, pela pobreza do desterro e por tuas ansiedades ao voltares do Egito a Nazaré.

6. Peço-te por tuas aflições dolorosas de três dias ao perderes Jesus e por teu alívio ao encontrá-lo no templo; por tua felicidade nos trinta anos que viveste em Nazaré com Jesus e Maria, confiados a tua autoridade e providência.

7. Rogo-te e espero o heroico sacrifício e a aceitação da missão de teu filho na cruz, de morrer por nossos pecados e por nossa redenção.

8. Peço-te pelo desprendimento com que todos os dias contemplavam as mãos de Jesus, a serem perfuradas um dia pelos pregos da cruz; aquela cabeça, que se reclinava ternamente sobre teu peito, a ser coroada de espinhos; aquele corpo inocente que abraçavas sobre teu coração, a ser sangrado nos braços da cruz; aquele momento último em que o verias expirar e morrer, por mim, por minha alma, por meus pecados.

9. Peço-te por tua doce passagem desta vida nos braços de Jesus e Maria e por tua entrada no céu dos justos, onde tens teu trono de poder.

10. Suplico-te por teu regozijo e tua alegria quando contemplavas a ressurreição de Jesus, sua ascensão e entrada nos céus e seu trono de Rei.

11. Peço-te por tua felicidade quando viste Maria ser assunta aos céus pelos anjos e coroada pelo Eterno, entronizada junto contigo como mãe, senhora e rainha dos anjos e homens.

12. Rogo confiantemente por teus trabalhos, tuas dores e teus sacrifícios na terra e por teus triunfos e tua feliz bem-aventurança no céu, com teu filho Jesus e tua esposa Maria Santíssima.

Oração para os finais de cada pedido:

Ó meu bom São José! Sinto em mim uma força misteriosa, que me alenta e obriga a te pedir e suplicar e esperar que me obtenhas de Deus a grande e extraordinária graça que vou depositar diante deste teu altar e diante de teu trono de bondade e poder no céu (*fazer o pedido e a graça que deseja*): confio em ti, querido São José. Obtém-me também para os meus e para os que pediram que rogasse por eles, tudo quanto desejam e lhes é conveniente.

– Roga por nós, ó glorioso patriarca São José,

– para que sejamos dignos das promessas de Cristo.

OREMOS: Ó Deus, que em vossa inefável providência escolhestes São José para esposo de Maria, Mãe de vosso Filho, fazei que, venerando-o na terra como protetor, mereçamos tê-lo como intercessor nos céus. Por Nosso Senhor Jesus Cristo, vosso Filho, na unidade do Espírito Santo. Amém.

4. Devoção do dia 19 de cada mês e seus privilégios

Nesta devoção, invocar a oração a Maria Santíssima e aos sete privilégios – as felicitações – de São José. São os dois modos de veneração àqueles que se dedicam à veneração a São José. Essa devoção se faz, de modo especial, no dia 19 de cada mês, não existindo aquele mês especial, como seria o mês de março, por exemplo.

Oração a Maria Santíssima

Amabilíssima mãe minha, gostais tanto de que veneremos vosso querido esposo, São José, acendei mais em meu coração a chama da devoção a tão grande santo, e, pela reverência e pelo amor que lhe tendes, suplico-vos que me alcanceis de vosso divino Filho o perdão de meus pecados e a graça de que necessito para minha salvação; favor que espero que não me negueis, pondo, por medianeiro, meu patrono e advogado São José. Amém (*pode-se fazer a intenção à qual se dedica essa devoção especial*).

Oração a São José

Gloriosíssimo patriarca São José, digníssimo esposo da mãe de Deus, pai adotivo de nosso adorável Redentor e poderosíssimo advogado nosso em toda tribulação, em toda necessidade e em todo perigo: elejo-vos por meu patrono e advogado para toda a minha vida e para minha morte.

Peço-vos, humildemente e com toda a minha alma, que me recebais, santo meu, por perpétuo servo e escravo vosso, e que com vosso poderoso valimento me alcanceis a contínua proteção de vossa Esposa, a Imaculada Virgem Maria e as misericórdias de meu amantíssimo Jesus.

Assisti-me sempre e abençoai minhas palavras, obras, ações, meus pensamentos e desejos para que tudo esteja de acordo com a vontade divina; e, assim, servindo-vos constantemente, consiga, com vosso patrocínio, uma feliz morte. Assim seja, Jesus, Maria e José.

Seguem os vários privilégios de São José que deverão ser considerados um para cada dia. O devoto poderá se utilizar de um calendário para não se perder ou se esquecer. Esse devocional poderá ser feito no período de sete dias.

Felicitações a São José *por seus sete principais privilégios e as felicidades dispensadas pelo Senhor*:

Primeiro privilégio

Felicito-vos, glorioso São José, e dou infinitas graças a Deus por ter-vos escolhido para pai adotivo de seu unigênito Filho e para guia do mesmo Jesus e de sua Santíssima Mãe em suas penosas viagens, durante sua vida mortal: por essa vossa felicidade, suplico-vos que me guieis em minha viagem desta vida à eterna, alcançando-me a graça de purificar minha alma no santo Sacramento da penitência. Assim seja, Jesus, Maria e José.

Pai-nosso, Ave-Maria e Glória.

Jesus e Maria, José, Joaquim e Ana, na vida e na morte amparai minha alma.

Segundo privilégio

Felicito-vos, glorioso São José, e dou infinitas graças a Deus porque vos concedeu favor de guardar da perseguição de Herodes, para benefício do mundo, Jesus Cristo, verdadeiro Pão da vida: por essa vossa felicidade, suplico-vos que me ajudeis a recebê-lo dignamente com frequência e, particularmente, antes de morrer, por viático e prenda da vida eterna. Assim seja, Jesus, Maria e José.

Pai-nosso, Ave-Maria e Glória.

Jesus e Maria, José, Joaquim e Ana, em vida e em morte amparai minha alma.

Terceiro privilégio

Felicito-vos, glorioso São José, e dou infinitas graças a Deus, porque vos concedeu a honra de fortalecer-vos e santificar-vos com o frequente contato e o trato íntimo de nosso adorável Redentor: por essa vossa felicidade, suplico-vos que me alcanceis a graça de não morrer sem o auxílio espiritual do Sacramento da Unção dos enfermos, que alivia a enfermidade corporal, se convém, e cura a alma dos pecados. Assim seja, Jesus, Maria e José.

Pai-nosso, Ave-Maria e Glória.

Jesus e Maria, José, Joaquim e Ana, na vida e na morte amparai minha alma.

Quarto privilégio

Felicito-vos, glorioso São José, e dou infinitas graças a Deus porque vos concedeu uma fé vivíssima e constante com que crestes que era obra do Espírito Santo o fruto de vossa puríssima Esposa: por essa vossa felicidade, suplico-vos que me alcanceis viver e morrer com a maior firmeza na santa fé católica. Assim seja, Jesus, Maria e José.

Pai-nosso, Ave-Maria e Glória.

Jesus e Maria, José, Joaquim e Ana, na vida e na morte amparai minha alma.

Quinto privilégio

Felicito-vos, glorioso São José, e dou infinitas graças a Deus por ter vos escolhido para fiel ministro de Jesus e Maria na terra:

por essa vossa grande felicidade, suplico-vos que me alcanceis saber vos imitar, servindo fiel e constantemente a Deus e a sua divina Mãe. Assim seja, Jesus, Maria e José.

Pai-nosso, Ave-Maria e Glória.

Jesus e Maria, José, Joaquim e Ana, na vida e na morte amparai minha alma.

Sexto privilégio

Felicito-vos, glorioso São José, e dou infinitas graças a Deus porque vos concedeu a graça de morrer assistido, com o maior carinho, por Jesus e Maria: por essa vossa inefável felicidade, suplico-vos que me alcanceis morrer abrasado em amor de Deus e assistido por vossa Imaculada Esposa e por vós mesmo. Assim seja, Jesus, Maria e José.

Pai-nosso, Ave-Maria e Glória.

Jesus e Maria, José, Joaquim e Ana, na vida e na morte amparai minha alma.

Sétimo privilégio

Felicito-vos, glorioso São José, e dou infinitas graças a Deus pelo privilégio que vós tivestes de ressuscitar com Jesus Cristo e subir a eterna glória: por essa vossa honra, suplico-vos que me alcanceis encontrar-me, na hora de minha morte, disposto para merecer, desde aquele momento, o descanso eterno dos santos. Assim seja, Jesus, Maria e José.

Pai-nosso, Ave-Maria e Glória.

Jesus e Maria, José, Joaquim e Ana, na vida e na morte amparai minha alma.

> A casa de José era já o reino de Deus sobre a terra. As batidas do martelo e o zumbido de sua serra eram um belo hino de louvor, agradável a Deus, como o som da harpa de seu antecessor, Davi.

5. Tríduo para São José

Para a festa de São José, em preparação, pode-se fazer a novena ou o tríduo. Tanto a novena quanto o tríduo poderão ser em dias diferentes e em mais ou menos dias. O importante é a intenção de se preparar a festa do Patriarca com esmero e dedicação.

Apresentamos um modelo de tríduo para a comunidade. É certo, também, que ele poderá ser feito em comunidades diferentes ou individualmente.

Pelo sinal da santa Cruz, † livrai-nos Deus, nosso senhor, de nossos inimigos.

V.: Benditos e amados sejam os dulcíssimos nomes de Jesus, Maria e José.

R.: Amém.

Oração inicial para todos os dias

D.: A vós recorremos, bondoso Patriarca, e, com todo o fervor de nosso aflito coração, pedimos-vos que, deste trono de glória em que vos colocaram, por vossas virtudes e vossos merecimentos, escuteis propício nossas súplicas e tenhais piedade de nós.

T.: Humildemente, confessamos que nossas tribulações são penas de nossas culpas; por isso, com dor de coração, pedimos a Deus perdão de todas elas. Amoroso São José, pelo amor que professais a vosso Jesus e Maria e pela autoridade que sobre eles exercestes aqui na terra, intercedei agora por nós no céu, escutando nossas petições e apresentando-as, vós mesmo, a vossa Esposa Imaculada e a vosso Divino Filho, para que sejam favoravelmente ouvidas, para maior glória de Deus e santificação de nossas almas. Amém.

D.: Castíssimo esposo da virgem Maria e amável protetor meu, São José, que jamais se ouviu dizer que alguém já tenha invocado vossa proteção e implorado vosso auxílio sem haver sido consolado. Cheio de confiança em vosso poder, já que exercestes com Jesus o cargo de Pai, venho a vossa presença e me encomendo a vós com todo o fervor.

T.: Não desprezeis minhas súplicas, antes bem, acolhei-as e dignai-vos atendê-las piedosamente. Amém.

Oração final para todos os dias

D.: Gloriosíssimo Patriarca São José, castíssimo esposo da Mãe de Deus, a vosso amparo acudimos, não desprezeis nossas súplicas e livrai-nos de todos os perigos.

V.: Bendito Patriarca São José, rogai por nós,

R.: para que sejamos dignos da graça que imploramos.

T.: Santíssima Virgem Maria, Mãe de Deus e Mãe nossa, uni vossos rogos aos de vosso castíssimo Esposo e, pelos maternais cuidados que dedicastes ao Menino Jesus, intercedei e rogai por nós para que sejamos dignos de alcançar a graça que vos pedimos. Sacratíssimo Coração de Jesus, ouvi benigno as súplicas de Maria, cheia de graça, e de José, homem justo, para que, por sua intercessão, logremos o favor solicitado, se for para a maior honra e glória vossa e bem de nossas almas.

Vós, que viveis e reinais por todos os séculos dos séculos. Amém.

Primeiro dia

D.: Aqui nós estamos em vossa gloriosa presença, doce protetor nosso São José, implorando vosso eficaz patrocínio.

T.: Dirigi, oh Grande Santo, uma olhada amorosa sobre nós, miseráveis filhos de Eva, e alcançai-nos, com a graça que vos pedimos, as virtudes da humildade, pureza e obediência, a honra de morrer assistidos por Jesus, por vossa Esposa e por vós, para o bendizermos e o louvarmos no céu eternamente. Amém.

D.: (*Pede-se a graça que se deseja*). Rezar sete Pai-nossos e Ave-Marias em memória das sete dores e alegrias de São José.[3] (*Pode-se conferir as dores e alegrias na nota da roda pé.*)

Terminar com a oração final para todos os dias.

Segundo dia

D.: A vossos pés nos prostramos com o mais humilde afeto, oh incomparável protetor nosso São José! Confiando em vosso eficaz patrocínio, dirigi, oh grande Santo,

T.: um olhar amoroso sobre nós, miseráveis pecadores filhos de Eva, e alcançai-nos a graça que vos pedimos juntamente com as três virtudes: terna piedade, gratidão aos divinos benefícios e firme confiança em Deus, que tanto e com tanto fruto praticastes vós mesmo, a fim de que, enriquecidos com elas, possamos expirar docemente nos braços de Jesus e Maria e chegar depois a vossa companhia no céu, por toda a eternidade. Amém.

D.: (*Pede-se a graça que se deseja*). Rezar sete Pai-nossos e Ave-Marias em memória das sete dores e alegrias de São José.

Terminar com a oração final para todos os dias.

Terceiro dia

D.: Prostrados ante vós, insigne protetor nosso São José, acudimos também hoje em demanda de vosso eficaz patrocínio. Dirigi, oh grande Santo, um olhar amoroso sobre nós, miseráveis filhos de Eva, e apresentai nossas súplicas ao Pai Eterno, cujas vezes fizestes na terra tutelando seu Divino Filho.

---

[3] Sobre as sete dores e alegrias de São José: 1 – a divina maternidade da virgem Maria; 2 – o nascimento de Jesus; 3 – a circuncisão de Jesus; 4 – a profecia de Simeão; 5 – a fuga para o Egito; 6 – o retorno do Egito; 7 – a perda do menino Jesus no templo. Oremos. Amabilíssimo coração do glorioso São José, aceitai, nós vos pedimos, a homenagem de nosso coração e reinai sobre ele para sempre. Obtende para nós, do Senhor, todas as graças necessárias para suportarmos pacientemente as dores desta vida e caminharmos seguramente em direção a nossa Pátria Celestial, onde esperamos bendizer-vos e agradecer-vos eternamente. Amém.

T.: Oferecidas também ao Espírito Santo, de quem fostes representante como Esposo de Maria, apresentai-as, enfim, ao Filho, para que sejam benignamente atendidas pela Santíssima Trindade, objeto de todo o nosso amor, agora e sempre, por todos os séculos. Amém.

D.: (*Pede-se a graça que se deseja*). Rezar sete Pai-nossos e Ave-Marias em memória das sete dores e alegrias de São José.

Terminar com a oração final para todos os dias.

MEDITAÇÃO

1. Vamos divulgar as devoções de São José?
2. Qual testemunho pode-se dar da devoção a São José?
3. Vamos convidar parentes e amigos para o tríduo em louvor ao Santo Patriarca?

6. Terço de São José *(primeira proposta)*

Seguem aos devotos três opções de terço (alguns usam o termo Rosário). O terço é sempre o mesmo, mas o modo de fazê-lo diverge bastante de cada forma de catequese ou de evangelização.

Ele poderá ser feito individualmente, em grupos de famílias ou na Igreja. O modelo n. 7 e o modelo n. 9 são um recurso bíblico, que exige mais tempo e o uso da Bíblia para se acompanhar a reflexão meditativa.[4] *Assim, o Rosário se torna mais evangelizador.*

[4] Gasques, J., *O devocional do terço dos homens*. Editora Loyola, 2020, 112 páginas com edição revista. Ali o devoto encontrará a explicação do Rosário e a indicação de alguma literatura para o aprofundamento da reflexão. Esse livro deseja auxiliar o devoto a descobrir, em Maria, sua espiritualidade. A oração do terço é uma forma muito simples de viver a espiritualidade mariana. Rezá-lo não é difícil. O mais importante é saber por que se reza o terço e buscar, na catequese, uma orientação para rezá-lo bem. Os católicos estão redescobrindo essa oração. É cada vez mais comum encontrar grupos, nas paróquias, que se propõem a rezar o terço em alguns dias da semana. Com isso, vão surgindo vários tipos de terço: dos homens, dos jovens, dos catequistas, da misericórdia, das mulheres, de São José etc. Aqui está uma proposta de oração e de catequese sobre como e por que rezar o terço.

Oferecimento

A vós, glorioso São José, ofereço este terço em louvor e glória de Jesus, Maria e José, para que sejais minha luz, minha guarda, meu guia, minha proteção, defesa, meu amparo, minha fortaleza, alegria em todos os meus trabalhos, todas as minhas tribulações e angústias. Pelo nome de Jesus, pela glória de Maria, imploro vosso poderoso patrocínio, para que me alcanceis a graça que desejo. Falai em meu favor, advogai em minha causa, no céu, na terra, alegrai minha alma para honra e glória vossa.

Jesus, Maria e José. Assim seja.

Pai-nosso...

Meu glorioso São José, em vossas maiores aflições e tribulações, o anjo não vos valeu? Valei-me, São José.

Ave-Maria...

São José. Valei-me.

(*Se desejar, pode-se rezar a ladainha, como segue abaixo no número 11. Aqui não se contemplam os mistérios, apenas a meditação do Rosário*).

7. Terço de São José *(segundo proposta, própria para a catequese)*

- Canto
- Ler algum texto sobre São José

Oferecimento

A vós, glorioso São José, oferecemos este terço em louvor e glória de Jesus e de Maria para que a sagrada família seja para nós: Luz, Proteção, Defesa, Fortaleza e Alegria. São José, rogai em nosso favor, advogai em nossa causa no céu, na terra e alegrai nossa alma para a honra e glória vossa, de Jesus e de Maria.

- Pai-nosso e Ave-Maria (*dez cada*).

Primeiro mistério

São José, iluminai nossa família para que sejamos anunciadores da Palavra e fiéis colaboradores do reino de Deus.

Todos: valei-nos, São José.

Ler Mateus 1,20. Canto.

Segundo mistério

São José, sede nosso intercessor junto a Jesus, livrai e protegei nossa família de todo o mal, principalmente da omissão diante dos apelos do Evangelho.

Todos: valei-nos, São José.

Ler Lucas 2,15-16. Canto.

Terceiro mistério

São José, defendei nossa família, rogai por nós junto a Jesus, seu divino filho, de quem fostes na terra protetor fiel.

Todos: valei-nos, São José.

Ler Lucas 2,19-22. Canto.

Quarto mistério

São José, nós sabemos de nossa fraqueza diante dos apelos da sociedade consumista em que vivemos, por isso sede nossa fortaleza e ajudai nossa família ser exemplo de amor, fraternidade e amizade.

Todos: valei-nos, São José.

Ler Lucas 2,47-50. Canto.

Quinto mistério

São José, humildemente vos agradecemos interceder por nossa família. Obrigado por nossos filhos, nosso trabalho, nossa casa, nossa saúde e, principalmente, pela alegria de rezarmos juntos com nossos irmãos. Cobri-nos com vossa misericórdia e abençoai-nos.

Todos: valei-nos, São José.

Ler Lucas 2,50-52. Canto.

Agradecimento: feliz foste tu, José! Pudeste tomar o menino Jesus em teu colo, contemplar o Salvador, a luz do mundo, e a glória de teu povo, de toda a humanidade.

– Pode-se rezar a ladainha de São José (n. 11, p. 79).

– Oração da Salve-Rainha (n. 10, p. 78) e canto final.

8. Terço de São José *(terceira proposta)*

Oferecimento

A vós, glorioso São José, ofereço este terço em louvor e glória a Jesus, Maria e José, para que sejais minha luz, minha guarda, meu guia, minha proteção, defesa, meu amparo, minha fortaleza e alegria em todos os meus trabalhos, em todas as minhas tribulações e toda a minha agonia. Pelo nome de Jesus e pela glória de Maria, imploro vosso poderoso patrocínio, para que me alcanceis a graça que desejo. Falai em meu favor, advogai em minha causa no céu, na terra e alegrai minha alma para honra e glória de Jesus, Maria e vossa. Amém.

Glorioso patriarca São José, rogai por nós.

– Em lugar do Pai-nosso:

Meu glorioso São José, em vossas maiores aflições e tribulações, o Anjo não vos valeu?

Valei-me, São José.

– Em lugar das Ave-Marias:

São José, valei-me.

9. A oração do Rosário de Nossa Senhora

Tenhamos sempre em mente que a oração do terço, embora seja uma devoção mariana, é uma oração cristocêntrica, ou seja, Jesus está no centro dessa oração. Não tem sentido uma espiritualidade, uma oração, uma devoção, qualquer que seja, que não sejam cristocêntricas, em que Cristo não esteja no centro.

Na estrutura tradicional, o Rosário contempla 15 mistérios. O papa João Paulo II, sob o impulso de uma inspiração sublime, no dia 24 de outubro de 2002, contemplou a reflexão dos mistérios acrescentando os cinco mistérios luminosos, que oferecem especial relevo à vida de Jesus entre o povo, valorizam a solidariedade entre os casais, a Igreja missionária, o Reino de Deus e a Eucaristia.

O papa João Paulo II já recomendava: "que a oração do Rosário volte a ser a oração da Igreja doméstica, que é a família" (6.6.1987) e "é a grande oração contemplativa, muito útil às pessoas de hoje, preocupadas como tantas coisas" (25.4.1987). "O terço é minha oração predileta, a todos exorto cordialmente que o rezem." [5]

Como rezar o Rosário

Começa-se o Rosário, ou a quarta parte, fazendo o sinal da cruz. Em seguida, reza-se o creio em Deus Pai (resumo das verdades da fé): um Pai-nosso, três Ave-Marias e o Glória ao Pai (em honra a Santíssima Trindade).

---

[5] Segundo uma tradição da Igreja católica, por volta dos anos 1200, no século XIII, a Virgem Maria apareceu a São Domingos Gusmão e entregou, em suas mãos, um terço, o Rosário, na forma das 150 Ave-Marias, isto é, com os mistérios gozosos, dolorosos e gloriosos. Nossa Senhora o entregou, nas mãos de São Domingos Gusmão, como uma arma poderosa para a conversão dos hereges e outros pecadores daquele tempo. Desde aquela época, a devoção à Virgem Maria se propagou rapidamente pelo mundo e foi acompanhada por grandes episódios milagrosos. Lembrando que as 150 Ave-Marias simbolizam os 150 Salmos. São João Paulo II instituiu mais um mistério. Então o terço, que eram três mistérios, ou seja, três terços do Rosário, hoje são quatro terços: mistérios gozosos, da alegria; os luminosos, que narram alguns fatos da vida pública de Cristo; os dolorosos, da Paixão e Morte de Jesus; e os gloriosos, de sua Ressurreição e Assunção da Virgem Maria aos céus.

Inicia-se a meditação dos mistérios, com o anúncio de cada deles, dizendo: No primeiro ou segundo... mistério, contemplamos... Reza-se, depois, um Pai-nosso, dez Ave-Marias, um Glória ao Pai e, depois de se rezarem os cinco mistérios, finaliza-se com uma Salve-Rainha.

Nesta forma de oração do Rosário, a seguir, há a necessidade de se estar com o Novo Testamento para as leituras. Podemos afirmar que esse modo de oração é uma catequese bíblica do Rosário. Exige-se, certamente, mais tempo para a contemplação.

Mistérios da alegria *(segunda-feira e sábado)*

1. A anunciação do arcanjo São Gabriel a Nossa Senhora (Lc 1,26-38).
2. A visita de Nossa Senhora a sua prima Santa Isabel (Lc 1,39-56).
3. O nascimento de Jesus em Belém (Lc 2,1-20; Mt 1,18-25; 1-12).
4. Apresentação de Jesus no Templo (Lc 2,22-40).
5. Perda e encontro do Menino Jesus (Lc 2,41-52).

Mistérios da luz *(quinta-feira)*

1. Batismo de Jesus (Mt 3,13-16).
2. Bodas de Caná (Jo 2,1-12).
3. Jesus anuncia o Reino de Deus (Mc 1,14-15).
4. Transfiguração de Jesus (Lc 9,28-36).
5. Jesus institui a Eucaristia (Mt 26,26-29).

Mistérios da dor *(terça-feira e sexta-feira)*

1. A agonia de Jesus no horto das oliveiras (Mt 26,36-46; Mc 14,32-42; Lc 22,39-46).
2. A flagelação de Jesus atado à coluna (Mt 27,11-26; Mc 15,1-15; Lc 23,13-25; Jo 18,21-40).
3. A coroação de espinhos de Jesus (Mt 27,27-31; Mc 15,16-20; Jo 19,2-16).

4. A subida dolorosa ao calvário (Mt 27,31-34; Mc 15,20-23; Lc 23,24-32; Jo 19,5-17).

5. A crucificação e morte de Jesus (Mt 23,33-56; Mc 15,22-37; Lc 23,33-49; Jo 19,17-37).

Mistérios da glória *(quarta-feira e domingo)*

1. A ressurreição de Jesus Cristo (Mt 28,1-15; Mc 16,1-18; Lc 24,1-49; Jo 20,1-23).

2. A ascensão de Jesus ao céu (Mc 16,1-19; Lc 24,44-53: At 1,1-11).

3. A vinda do Espírito Santo (At 2,1-41).

4. A assunção de Nossa Senhora ao céu (*Lumen Gentium*, 59).

5. Coroação de Nossa Senhora no céu (Ap 12,1s; *Lumen Gentium*, 68-69).

O Santo Rosário é uma das orações mais importantes para o fiel católico, que, em um momento de verdadeira fé e conversão, reza diante de Maria, para que interceda diante de seu filho Jesus Cristo e de Deus: "Peça ao Filho que a Mãe atende".

Essa oração surgiu, aproximadamente, no ano 800, à sombra dos mosteiros e conventos, como uma espécie de saltério dos leigos. O Rosário também é chamado de oração dos camponeses da época, das súplicas simples do povo de Deus.[6]

Para a enriquecer, tente adicionar as passagens da Bíblia e verá que o terço ficará mais interessante. Isso, naturalmente, prolongará seu tempo de oração, mas também fornecerá muitas imagens para você meditar sobre a vida de Jesus Cristo.

Se não desejar ler os textos dos evangelhos, reze assim:

---

[6] Se o leitor desejar um texto melhor e mais bem explicado, poderá recorrer a nosso livro: *Devocional do Terço dos Homens*, Loyola Editora, 2020. Edição ampliada da edição de 2014. Nas páginas 39-48, temos mais reflexões. Na página 48, está um resumo sobre a oração do terço na Bíblia.

Mistérios gozosos *(segunda-feira e sábado)*
1. A Encarnação do Filho de Deus.
2. A Visitação de Nossa Senhora a Santa Isabel.
3. O Nascimento do Filho de Deus.
4. A Apresentação do Senhor Jesus no templo.
5. A Perda e o encontro do Menino Jesus no templo.

Mistérios dolorosos *(terça-feira e sexta-feira)*
1. A Oração de Nosso Senhor no Horto das Oliveiras.
2. A Flagelação do Senhor.
3. A Coroação de espinhos.
4. O Caminho do Calvário carregando a Cruz.
5. A Crucificação e Morte de Nosso Senhor.

Mistérios gloriosos *(quarta-feira e domingo)*
1. A Ressurreição do Senhor.
2. A Ascensão do Senhor.
3. A Vinda do Espírito Santo.
4. A Assunção de Nossa Senhora aos Céus.
5. A Coroação da Santíssima Virgem.

Mistérios luminosos *(quinta-feira)*
1. O Batismo no Jordão.
2. A Autorrevelação nas bodas de Caná.
3. O Anúncio do Reino de Deus convidando à conversão.
4. A Transfiguração.
5. A Instituição da Eucaristia, expressão sacramental do mistério pascal.

10. Oração da Salve-Rainha

A oração da Salve-Rainha é um hino de louvor a Nossa Senhora e uma das orações em homenagem a Maria, mãe de Jesus Cristo. Sua história gira em torno do monge Hermannus Contractus, que a escreveu por volta de 1050, na Alemanha, e de São Bernardo de Claraval (1090-1153). Nessa época, os tempos estavam insuportáveis, porque a Europa Central se encontrava em total estado de alerta: fome, destruições naturais, epidemias, entre outros problemas. Segundo diversas pesquisas de historiadores, o monge também estava vivendo essas misérias e, com um grau de esperança, entregou todas as suas forças e toda a sua devoção para Nossa Senhora. A partir daí, nasceram diversas frases, como:

- *"Mãe de misericórdia";*
- *"Vida, doçura, esperança nossa salve";*
- *"Advogada nossa".*

Salve, Rainha, Mãe de misericórdia, vida, doçura e esperança nossa salve! A vós bradamos, os degredados filhos de Eva; a vós suspiramos, gemendo e chorando neste vale de lágrimas. Eia, pois, advogada nossa, esses vossos olhos misericordiosos a nós volvei e, depois deste desterro, mostrai-nos Jesus, bendito fruto do vosso ventre, ó clemente, ó piedosa, ó doce Virgem Maria! Rogai por nós, Santa Mãe de Deus, para que sejamos dignos das promessas de Cristo. Amém.

O objeto laudatório é Jesus Cristo, mas a festejada é Maria Santíssima. Nem se pode imaginar se Maria "desejaria" tal louvor, mas o humano tem necessidade de exaltar a figura singular da Bíblia: Maria de Nazaré. Sua exaltação feita pelos poetas é admirável. Gre-

gório de Matos a chama de "rosa de Jericó". E Baltazar Gracián, em seu poema, assim escreve:

Salve, Celeste Pombinha,
Salve, divina Beleza,
Salve, dos Anjos Princesa
e dos céus, Salve, Rainha...

MEDITAÇÃO

1. Vamos rezar a oração do terço em família?
2. Vamos formar um grupo de oração do terço?
3. Vamos explicar o Rosário com seus mistérios?

11. Ladainha de São José

A ladainha, que surgiu por volta do ano de 1291, é uma espécie de hino em homenagem e louvar a algum santo de destaque no mundo católico. Mas são poucos que tiveram esse privilégio, entre eles: Maria, São José, Jesus Cristo, Santa Rita de Cássia. Em especial, são 13 invocações simbólicas, invocando a maternidade de Maria, e 6, invocando sua virgindade (cf. André Damino).

A ladainha de São José é uma espécie de exaltação a sua figura e importância no plano de Deus. Possui vinte e três formas de homenagem a suas qualidades. Em todas elas, não se tira o brilho da Divina Trindade.

Senhor, tende piedade de nós.
Jesus Cristo, tende piedade de nós.
Senhor, tende piedade de nós.
Jesus Cristo, ouvi-nos.
Jesus Cristo, atendei-nos.

Deus pai dos céus,
tende piedade de nós.
Deus, filho redentor do mundo,
Deus Espírito Santo,
Santíssima trindade, que sois um só Deus,
Santa Maria,
rogai por nós *(repetir após a invocação)*.
São José,
De Davi ilustre descendente,
Luz dos patriarcas,
Esposo da mãe de Deus,
Guarda puríssimo da Virgem,
Sustentador do Filho de Deus,
Zeloso defensor de Cristo,
Chefe da Sagrada Família,
José justíssimo,
José castíssimo,
José fortíssimo,
José obedientíssimo,
José fidelíssimo,
Espelho da paciência,
Amante da pobreza,
Modelo dos operários,
Glória da vida doméstica,
Guarda das virgens,
Amparo das famílias,
Consolador dos aflitos,
Esperança dos enfermos,
Padroeiro dos moribundos,
Terror dos demônios,
Protetor da Santa Igreja,

Cordeiro de Deus, que tirais os pecados do mundo, perdoai-nos, Senhor.

Cordeiro de Deus, que tirais os pecados do mundo, ouvi-nos, Senhor.

Cordeiro de Deus, que tirais os pecados do mundo, tende piedade de nós.

V. O Senhor o fez dono de sua casa.

R. E juiz de todos os seus bens.

Oremos: Ó Deus, que por inefável providência, dignastes-vos escolher o bem-aventurado José por esposo de vossa Mãe Santíssima, concedei-nos, nós vo-lo pedimos, que, venerando-o aqui na terra como protetor, mereçamos tê-lo no céu como intercessor: vós que viveis e reinais nos séculos dos séculos. Amém.

12. Sete domingos em honra de São José *(primeiro modo)*

Esta é uma antiga devoção a São José. Você pode começar a fazê-la em qualquer domingo durante o ano. Ela é indicada para os casos difíceis e importantes da vida. É um devocional simples, mas exige uma perseverança por sete domingos seguidos. O devoto deve procurar o sacramento da confissão para receber a Eucaristia.

Oração inicial para todos os dias

Deus e Senhor nosso,/ em quem eu creio,/ espero/ e a quem eu amo sobre todas as coisas,/ tende piedade de mim e escutai meu pedido (*fazer seu pedido*). E vós,/ bondoso São José,/ intercedei por mim/ e obtende a graça que eu desejo alcançar.

– Em todos os domingos, rezam-se: *Pai-nosso, Ave-Maria e Glória.*

Primeiro domingo: Glorioso São José, grande foi vossa angústia na hesitação de abandonardes a Virgem Maria, mas indescritível foi vossa alegria, quando o anjo vos revelou o soberano mistério da encarnação.

Segundo domingo: Felicíssimo São José, que fostes escolhido para ser o pai adotivo do Verbo humanado, a dor que sentistes, ao verdes nascer em tanta pobreza o Deus Menino, mudou-se, em júbilo celeste, ao ouvirdes os louvores angélicos, contemplando a glória daquela brilhatíssima noite.

Terceiro domingo: Obedientíssimo São José, o sangue precioso que o divino infante derramou na circuncisão causou-vos profunda tristeza, mas o nome de Jesus vos reanimou e vos encheu de inefável alegria.

Quarto domingo: Glorioso São José, a profecia de Simeão sobre os sofrimentos que atingiriam Jesus e Maria vos causou intensa amargura. A salvação e a ressurreição, que, segundo as profecias, se sucederiam aos sofrimentos, encheram-vos de sumo gozo.

Quinto domingo: Glorioso São José, sofrestes para alimentar e servir o filho do Altíssimo, especialmente na fuga para o Egito, grande, porém, foi vossa alegria, por terdes sempre convosco o próprio Deus e verdes cair por terra os ídolos egípcios.

Sexto domingo: Glorioso São José, cheio de pasmo, vistes o rei do céu submisso a vossas ordens. Vossa consolação, ao reconduzi-lo do Egito, foi turbada pelo amor de Arquelau, contudo, sossegado pelo Anjo, permanecestes alegre em Nazaré com Jesus e Maria.

Sétimo domingo: Glorioso São José, sem culpa vossa, perdestes o menino Jesus. Com grande angústia o procurastes durante três dias, até que, com sumo júbilo, vós o encontrastes no templo entre os doutores.

Oração final para todos os dias

Deus,/ que por vossa inefável providência/ vos dignou escolher o bem-aventurado São José/ para esposo de vossa Mãe Santíssima,/ concedei-nos que aquele mesmo/ que na terra veneramos como protetor/ mereçamos ter no céu por nosso intercessor./ Vós que viveis e reinais/ por todos os séculos dos séculos./ Amém.

13. Sete domingos em honra de São José *(segundo modo)*

Oração inicial para todos os dias

Pois sois santo sem igual e de Deus é o mais honrado:

Sede, José, nosso advogado nesta vida mortal.

Antes que tivestes nascido, já fostes santificado e ao eterno destinado para ser favorecido: nascestes de esclarecida linhagem e sangue real.

Sede, José, nosso advogado nesta vida mortal.

Vossa vida foi tão pura que, depois de Maria, o mundo não viu mais santa criatura; e assim foi vossa ventura entre todos sem igual.

Sede, José, nosso advogado nesta vida mortal.

Vossa santidade declara aquele caso soberano, quando em vossa santa mão floresceu a seca vara e, para que ninguém duvidasse, fez o céu esse sinal.

Sede, José, nosso advogado nesta vida mortal.

À vista desse milagre, todo o mundo vos respeitava e parabéns vos dava, com alegria e contentamento, pelo casamento com a Rainha Celestial.

Sede, José, nosso advogado nesta vida mortal.

Com júbilo recebestes Maria por esposa, Virgem pura, santa, linda, com a qual feliz vivestes, e, por ela, conseguistes dons e luz celestial.

Sede, José, nosso advogado nesta vida mortal.

Ofício de carpinteiro exercitastes em vida, para ganhar a comida para Jesus, Deus verdadeiro, e para vossa Esposa, luzeiro, companheira virginal.

Sede, José, nosso advogado nesta vida mortal.

Vós e Deus, com terno amor, davam um ao outro a vida: vós lhe destes o suor, e ele vos deu vida imortal.

Sede, José, nosso advogado nesta vida mortal.

Vós fostes a concha fina, onde se conservou inteira a pureza daquela Pérola Divina, vossa Esposa e Mãe digna, que nos tirou do mal.

Sede, José, nosso advogado nesta vida mortal.

Primeiro Domingo

A dor: quando estava disposto a repudiar sua Imaculada esposa.

A alegria: quando o Arcanjo lhe revelou o sublime mistério da encarnação.

Oh, castíssimo esposo de Maria, glorioso São José, que aflição e angústia a de vosso coração na perplexidade em que estáveis sem saber se devíeis abandonar ou não vossa esposa sem mancha! Mas qual não foi também vossa alegria quando o anjo vos revelou o grande mistério da Encarnação!

Por essa dor e essa alegria, pedimos-vos que consoleis nosso coração agora e em nossas últimas dores, com a alegria de uma vida justa e de uma santa morte semelhante a vossa, assistidos por Jesus e de Maria.

– Pai-nosso, Ave-Maria e Glória.

Segundo Domingo

A dor: ao ver nascer o menino Jesus na pobreza.

A alegria: ao escutar a harmonia do coro dos anjos e observar a glória desta noite.

Oh, bem-aventurado patriarca, glorioso São José, escolhido para ser pai adotivo do Filho de Deus feito homem, a dor que sentistes, vendo nascer o menino Jesus, em tão grande pobreza, mudou-se de certo para a alegria celestial, ao ouvir o harmonioso concerto dos anjos e ao contemplar as maravilhas daquela noite tão resplandecente.

Por essa dor e essa alegria, alcançai-nos que, depois do caminho desta vida, possamos ir escutar as adorações dos anjos e gozar dos resplendores da glória celestial.

– Pai-nosso, Ave-Maria e Glória.

Terceiro Domingo

A dor: quando o sangue do menino Salvador foi derramado em sua circuncisão.

A alegria: ao ouvir o nome de Jesus.

Oh, executor obedientíssimo das leis divinas, glorioso São José, o sangue preciosíssimo, que o Redentor menino derramou em sua circuncisão, traspassou-vos o coração; mas o nome de Jesus, que então lhe deram, confortou-vos e vos encheu de alegria.

Por essa dor e essa alegria, alcançai-nos viver separados de todo pecado, a fim de expirarmos alegres, com o santíssimo nome de Jesus no Coração e nos lábios.

– Pai-nosso, Ave-Maria e Glória.

Quarto Domingo

A dor: a profecia de Simeão, ao predizer os sofrimentos de Jesus e Maria.

A alegria: a profecia da salvação e gloriosa ressurreição de inumeráveis almas.

Oh, santo fidelíssimo, que tivestes parte nos mistérios de nossa redenção, glorioso São José, ainda que a profecia de Simeão, acerca dos sofrimentos por que deviam passar Jesus e Maria, tenha vos causado dor mortal, sem dúvida vos encheu também de alegria, anunciando-vos ao mesmo tempo a salvação e ressurreição gloriosa, que dali se seguiriam para um grande número de almas.

Por essa dor e por essa alegria, consegui-nos sermos do número dos que, pelos méritos de Jesus e pela intercessão da bem-aventurada Virgem Maria, haverão de ressuscitar gloriosamente.

– Pai-nosso, Ave-Maria e Glória.

Quinto Domingo

A dor: em seu trabalho de educar e servir ao Filho do Altíssimo, especialmente, na viagem ao Egito.

A alegria: ao ter sempre com ele o Deus verdadeiro e ver a queda dos ídolos do Egito.

Oh, custódio vigilante, familiar íntimo do Filho de Deus feito homem, glorioso São José, quanto sofrestes tendo de alimentar e servir ao Filho do Altíssimo, particularmente em vossa fuga para o Egito! Mas quão grande foi também vossa alegria tendo sempre convosco o mesmo Deus e vendo derrubados os ídolos do Egito.

Por essa dor e essa alegria, alcançai-nos afastar para sempre de nós o tirano infernal, sobretudo fugindo das ocasiões perigosas, e derrubar de nosso coração todo ídolo de afeto terreno, para que, ocupados em servir a Jesus e Maria, vivamos tão somente para eles e morramos alegres em seu amor.

– Pai-nosso, Ave-Maria e Glória.

Sexto Domingo

A dor: ao regressar a sua Nazaré por medo de Arquelau.

A alegria: ao regressar com Jesus do Egito a Nazaré e ter a confiança estabelecida pelo anjo.

Oh, anjo da terra, glorioso São José, que pudestes admirar o Rei dos céus, submetido a vossos mais mínimos mandatos, ainda que a alegria, ao lhe trazer do Egito, tenha mudado por temor a Arquelau, sem dúvida, tranquilizado logo pelo anjo, vivestes feliz em Nazaré com Jesus e Maria.

Por essa dor e essa alegria, alcançai-nos a graça de desterrar de nosso coração todo temor nocivo, possuir a paz de consciência, viver seguros com Jesus e Maria e morrer também assistidos por eles.

– Pai-nosso, Ave-Maria e Glória.

Sétimo Domingo

A dor: quando sem culpa perde Jesus e o busca com angústia por três dias.

A alegria: ao encontrá-lo em meio aos doutores no Templo.

Oh, modelo de toda santidade, glorioso São José, que, havendo perdido, sem culpa vossa, o menino Jesus, o buscastes durante três dias com profunda dor, até que, cheio de alegria, vós o achastes no templo, em meio aos doutores.

Por essa dor e essa alegria, suplicamos-vos, com palavras saídas do coração, que intercedais em nosso favor para que jamais nos suceda perder a Jesus por algum pecado grave. Mas, se por desgraça o perdermos, fazei que o busquemos com tal dor que não achemos sossego até encontrá-lo benigno, sobretudo em nossa morte, a fim de irmos ao céu e cantar eternamente convosco suas divinas misericórdias.

– Pai-nosso, Ave-Maria e Glória.

MEDITAÇÃO

1. Vamos divulgar as dores e as alegrias de São José?
2. Como essas dores e alegrias interferem em nossa espiritualidade?
3. Depois dos sete domingos o que podemos testemunhar?

> A felicidade de José não se situa na lógica do sacrifício de si mesmo, mas na lógica do dom de si mesmo. Naquele homem, nunca se nota frustração, mas apenas confiança. Seu silêncio persistente não inclui lamentações, mas sempre gestos concretos de confiança (PC, 7e).

14. Devoção da Sacolinha de São José

Para aqueles que se interessarem em animar a devoção a São José é proposta esta prática de piedade e de caridade. Não é superstição. Confecciona-se uma pequena sacolinha do tamanho de nove por quinze ou catorze centímetros de altura, com pequenos furos para se passar um laço ou cordão, que deve ser amarrado a exemplo de um embornal com a inscrição: "São José, rogai por nós". Nela, o fiel, deposita o dinheiro como se ela fosse uma carteira ou pequena bolsa. Dentro da sacolinha se escreve uma instrução – um bilhete:

Querido devoto de São José:

Quem recebeu a sacolinha, desde março de (colocar o ano em curso), poderá fazer dezenove sacolinhas iguais e levá-las para depositar, antes da missa, em uma caixa que estará em frente do altar, a fim de serem abençoadas e distribuídas. Essa devoção poderá ser iniciada em qualquer dia dezenove de cada mês, mas, somente, devolvida no dia do padroeiro, 19 de março.

Quanto à sacolinha usada, a pessoa poderá devolvê-la, com sua oferta, no dia 19 de março, na festa de São José, para as obras sociais da paróquia na hora do ofertório.

A sacolinha usada deverá ser devolvida e tomada outra nova. Ao terminar a missa, as novas sacolinhas serão distribuídas, antes da procissão, para o próximo ano.

São José, valei-nos!

15. Cordão de São José

O *cordão de São José* deve ser feito de linho ou algodão bem alvejado. A pureza e a alvura desses materiais indicam a candura e virginal pureza de São José, castíssimo esposo da Virgem Mãe de Deus. Em uma das extremidades, devem-se colocar sete nós, que representam as sete dores e alegrias do glorioso Patriarca. Por fim, deve ser bento com a bênção própria, por sacerdotes, aptos para isso.[7]

O *cordão de São José*, desde que esteja devidamente bento, pode ser usado, cingido à cintura, sobre a roupa, ou bem guardado, para, por ocasião de dores ou sofrimentos físicos, aplicá-lo com fé e confiança na parte enferma do corpo, como se costuma fazer com medalhas.

Quem o usa, habitualmente recebe a graça da boa morte. Ele não é um amuleto de sorte ou coisa semelhante. É um devocional que se deve usar com discrição, respeito, consideração e amor ao Patriarca José.

Quem possui constantemente o *cordão de São José* consigo tem a proteção, especialmente na guarda e defesa da sublime virtude da castidade, em qualquer de seus três graus e suas categorias (castidade dos esposos, dos solteiros e dos consagrados).

[7] Para aprender a fazê-lo: *http://meusonhocorderosa.blogspot.com.br/2010/06/cordao-tipo-franciscano.html*

É de surpreendente efeito para as gestantes, que o levam cingido, protegendo-as em perigo de aborto, em partos difíceis etc., como o atestam centenas de testemunhos. Devem-se rezar diariamente 7 glórias em honra às dores e alegrias de São José, ou qualquer outra oração a ele.

Origem do *Cordão de São José*

Atribui-se ao jesuíta padre Jean Bolland (1596-1665) criar tal devoção, na Bélgica, na cidade de Anvers, no convento das Irmãs Agostinianas, no século XVII. Fazia 3 anos que a Irmã Isabel Sillevorts se via atacada pelo mal de pedra (cálculo renal). Os mais modernos recursos da medicina de nada adiantavam.

Porém, animada do mais firme propósito no patrocínio de São José, a Irmã Isabel, havendo obtido do sacerdote que lhe benzesse um cordão, cingiu-o em homenagem ao grande Patriarca. Abandonou os recursos terapêuticos e iniciou, com todo o fervor, uma novena de súplicas ao esposo puríssimo da Virgem Mãe de Deus.

Dias depois, em 10 de julho de 1946, quando, em meio aos agudíssimos sofrimentos, a pobre enferma fazia suas mais ardentes súplicas, de repente se viu livre de um cálculo de desproporcionadas dimensões, ficando completamente curada.

Foi grande e rápida a repercussão do milagre, que muito contribuiu para consolidar, nos habitantes de Anvers, a devoção a São José, que já não era pequena.

Em 1842, por ocasião dos piedosos exercícios do mês de São José, foi esse fato publicado na Igreja de São Nicolau, em Verona (cidade no norte da Itália), e muitas pessoas enfermas, cingindo-se então com o cordão bento, experimentaram o auxílio do glorioso Patriarca.

Após esses fatos, estendeu-se muito o uso do cordão de São José, que é muito procurado não só para o alívio das enfermidades corporais, como também, e com igual sucesso, para os perigos da alma. Destacam-se, sobretudo, os benefícios do cordão contra o demônio da impureza.

A Santa Sé autorizou a devoção ao *Cordão de São José*, permitindo até seu uso público e solene. Permitiu a fundação da Confraria e Arquiconfraria do *Cordão de São José*, elevando uma delas à categoria de Primeira. Em setembro de 1859, dando provimento a uma petição do Bispo de Verona, a Sagrada Congregação dos Ritos aprovou a fórmula da Bênção do cordão. O papa Pio IX enriqueceu essa fácil e benéfica devoção com várias indulgências plenárias e parciais.

Oração associada ao uso do cordão

Devem-se rezar diariamente sete Glórias ao Pai em honra das sete dores e das sete alegrias de São José, com a seguinte oração:

Ó Guarda das Virgens, Pai São José, a cuja fiel proteção foram confiados Jesus Cristo, a própria inocência, e Maria, Virgem das Virgens, em nome de Jesus e de Maria, esse duplo tesouro que tão caro vos foi, rogo-vos e suplico que me conserveis isento(a) de toda a impureza, para que, com espírito, coração puro e corpo continente, sempre sirva fielmente a Jesus e a Maria. Amém.

16. Coroa de São José

A coroa de São José é um ato de piedade josefina que se faz quando há necessidade premente, tal como doença, problema fa-

miliar, ou para agradecer, louvar e honrar as virtudes de São José, em sinal de reconhecimento.

– Para implorar seu auxílio em qualquer necessidade.

V.: Louvemos de todo o coração o Senhor Deus nosso, honrando e recomendando-nos com muito fervor a São José, escolhido para a dignidade mais alta e excelente, depois da divina maternidade.

R.: Por todos os séculos dos séculos.

V.: Louvemos e demos graças à Trindade generosíssima, por ter adornado o glorioso Patriarca São José, mais que nenhum outro santo, com seus celestes dons divinos e carismas.

R.: Por todos os séculos dos séculos.

V.: Louvemos e demos graças à Trindade bondosíssima, por ter constituído o glorioso São José sobre sua família e havê-lo instituído, em nosso favor, fiel administrador de todos os seus bens.

R.: Por todos os séculos dos séculos.

V.: Louvado, exaltado e glorificado seja o Pai eterno, por ter escolhido o excelso São José para que, junto a seu Filho, fizesse suas vezes na terra e por lhe ter dado um coração amoroso e paternal para com o divino Filho. Supliquemos-lhe, com grande fervor e profundíssima humildade, que nos conceda benignamente o que tanto desejamos.

R.: Amém. Pai-nosso, Ave-Maria e Glória.

V.: Louvado, exaltado e glorificado seja o Filho Unigênito, por ter recebido o excelso São José por seu pai adotivo e infundido em seu coração um cuidado amoroso e diligente para zelar por sua vida, alimentá-lo, vesti-lo e defendê-lo. Supliquemos-lhe, confiantemente, que nos conceda a graça de que tanto necessitamos.

R.: Amém. Pai-nosso, Ave-Maria e Glória.

V.: Louvado, exaltado e glorificado seja o Espírito Divino, que, no ilustre São José, deu à Virgem Imaculada um esposo castíssimo, muito semelhante à celeste Senhora, e fiel custódio de sua virgindade, enchendo, ao mesmo tempo, o coração do ilustre Patriarca de muito amor e grande estima do tesouro que lhe tinha confiado. Roguemos-lhe e até importunemo-lo humildemente e com afeto de filhos, para conseguir a graça de que tanto precisamos, que tanto desejamos e pela qual tanto suspiramos.

R.: Amém. Pai-nosso, Ave-Maria e Glória.

Oração

Ó glorioso São José, a quem o Pai Eterno comunicou sua paternidade, o Filho divino honrou com essa mesma qualidade e o Espírito Santo escolheu para ser esposo de sua mesma Esposa, eu vos felicito e vos dou mil parabéns, porque fostes levantado a tão alta dignidade e adornado de tantas graças.

Mas lembrai-vos, ó glorioso Santo, que de alguma maneira também sois nosso pai, porque o sois de Jesus, nosso irmão maior. Não esqueçais ainda que sois verdadeiro esposo de nossa Mãe, muita amada, e, por esse mesmo título, também sois pai dos filhos daquele Coração Imaculado.

Ora, cheios de confiança filial, erguemos hoje os olhos e os fitamos nesse vosso rosto bondosíssimo e a vós bradamos na presente necessidade, bem assim como os pintinhos constantemente bradam por suas mães, e ainda com muito mais razão, porque não há amor de mãe, por extremosa que seja, que iguale nem se possa comparar ao amor que vós nos tendes. Lançai, pois, um olhar amoroso para os que assim vos contemplam e para os que a vós clamam do fundo de seu coração. Compadeçam-se essas entranhas, já de si tão ternas, das necessidades em que nos encontramos.

Ó Pai amado, que nossas obras digam com o nome que levais, que significa acréscimo. Desempenhai dignamente o título de padroeiro e protetor universal, que vos dá a Igreja. Fazei conosco segundo a multidão de vossas misericórdias e sejam as obras garantia de vossos ofícios: fazei, enfim, como quem sois.

Olhai, Pai misericordiosíssimo, que não mudastes de condição, que vosso poder estende-se a todas as nossas necessidades; eia, zelai por vossa honra. E, se tudo isso não bastar, vo-lo pedimos pelo grande amor que tivestes a vossa amada esposa e ao bom Jesus, de cuja divina presença desejamos gozar convosco, por toda a eternidade, na celeste Jerusalém. Amém.

17. Contemplando a imagem de São José

Orar é contemplar. Muitas vezes, ficamos diante de uma imagem e não sabemos o que fazer naquele momento. A imagem representando um santo traz uma mensagem. A imagem de São José é rica de símbolos (Leonardo Boff).

Quando se está diante da imagem, observe: sua roupa, a cor de sua veste, o lírio que ele tem na mão, o menino Jesus a seu lado ou no colo, enfim, sua feição de ternura.

A imagem representa alguns símbolos para identificar sua intenção. Veja a que segue (para se rezar, contemplativamente, diante de sua imagem):

Querido São José,

Fostes trabalhador como nós e conhecestes o cansaço e o suor. Ajudai-nos a garantir o trabalho para todos.

Fostes um homem justo que conduzistes, na oficina e na comunidade, uma vida íntegra no serviço a Deus e aos outros. Fazei que também nós sejamos inteiros no trabalho e atento às necessidades de nossos próximos.

Fostes esposo que levou para casa Maria já grávida pelo Espírito Santo. Fazei que nossos pais acolham as vidas que Deus enviar. Aceitastes ser pai de Jesus, cuidastes dele contra quem o queria matar e o protegestes na fuga para o Egito. Fazei que nossos pais protejam seus filhos contra as drogas, que viciam, e contra as doenças que matam.

Fostes o educador de Jesus, ensinando-o a ler as Escrituras e introduzindo-o nas tradições de seu povo. Fazei que conservemos a piedade familiar e sempre nos lembremos de Deus em tudo o que fazemos.

Querido São José, em vosso rosto humano, vemos retratado o rosto do Pai divino. Que ele nos dê aconchego, proteção e a certeza de que andamos sobre a palma de sua mão. Mostrai, São José, a força de vossa paternidade. Dai-nos determinação diante dos problemas, coragem diante dos riscos, sentido dos limites de nossas forças e confiança irrestrita no Pai Celeste.

Tudo isso vos pedimos na força do Pai, no amor do Filho e no entusiasmo do Espírito Santo. Amém (cf. P. Gilson, SDB).[8]

18. Oração a São José da Montanha

Essa oração, cuja origem é desconhecida e que é de reconhecimento das virtudes e favores de São José, deve ser recitada durante trinta dias seguidos, em louvor aos trinta anos que José viveu com Jesus e Maria (para qualquer favor que se deseja alcançar)*, e acompanhada de um Pai-nosso e uma Ave-Maria.*

[8] Para, se desejar, conhecer mais sobre o sentido da estátua de São José, poder-se-ia conferir em nosso livro: *São José – o lírio de Deus*, Editora Paulus, nas páginas 39-48. Sua iconografia é rica em significados e sua catequese muito boa. Boff, L. São José: a personificação do Pai, Verus, 2005, 214 páginas; São José: O pai, o artesão e o educador, Vozes Editora, 2012, 256 páginas. "Leonardo Boff procura descortinar a personificação do Pai Celeste, mas sem diminuir em nada o se 'ser justo' e o anonimato de sua vida e atuação" (capa).

É certo entender que a finalidade é meditar a história de suas alegrias e tristezas.

Sejas sempre bendito e glorioso, São José, amável e indulgente pai e amigo compassivo de todos os que sofrem! Por aquele grande pesar com que teu coração foi transpassado, quando consideraste os sofrimentos do Salvador Menino e, em profética visão, contemplaste sua mais ignominiosa Paixão e Morte, suplico: tem piedade de minha pobreza e necessidade; aconselha-me em minhas dúvidas e consola-me em todas as minhas ansiedades.

Tu és o bom pai e protetor dos órfãos, o advogado dos indefesos e o amparo dos que estão sem consolo nas necessidades. Não desatendas, pois, a súplica de teu devoto; meus pecados têm atraído sobre mim a justa indignação de Deus, por isso estou rodeado de aflições. A ti, amoroso protetor da pobre e desprezada família de Nazaré, recorro em demanda de amparo e proteção.

Ouve-me, pois, atende, com a solicitude de um pai, a ardente súplica de um filho e concede-me o objeto de meu desejo.

Peço-te, pela infinita misericórdia do eterno Filho de Deus, que o induziu a tomar nossa natureza e nascer neste vale de lágrimas.

Peço-te, por aquela dor e aflição que inundou teu coração quando, ignorando o mistério operado em tua imaculada Esposa, resolveste separar-te dela.

Peço-te, pelo cansaço, pela solicitude e pelo sofrimento que padeceste, quando buscavas, em vão, um lugar em Belém para que a Santa Virgem desse à luz e, não o achando, viste-te na necessidade de buscar um estábulo, para que nascesse o Redentor do mundo.

Peço-te, por aquela dor que tiveste ao presenciares o derramamento do precioso sangue na circuncisão. Peço-te, pela doçura e pelo poder do sagrado nome de Jesus, que impuseste ao sagrado menino.

Peço-te, pela mortal angústia que experimentaste quando ouviste a profecia do Santo Simeão, que declarava que o menino Jesus e sua Santíssima Mãe seriam as futuras vítimas de seu grande amor por nós, pecadores.

Peço-te, pela dor e aflição que inundou tua alma, diante da declaração do anjo de que seus inimigos procuravam o menino Jesus para matá-lo, e que te obrigou a fugir para o Egito com ele e sua mãe Santíssima. Peço-te, por todas as penas, fadigas e todos os trabalhos que padeceste nessa tão longa e penosa viagem.

Peço-te, por todas as dores que sofreste no Egito, quando, em algumas ocasiões, apesar de teu trabalho, não tinhas alimento para dar a tua pobre família.

Peço-te, por todos os cuidados em preservar o Divino Menino e sua Imaculada Mãe, durante a segunda viagem, quando recebeste a ordem de voltar a teu país natal.

Peço-te, pela vida tão pacífica que tiveste em Nazaré, cheia de tantas alegrias e dores. Peço-te, por tua extrema aflição em estares três dias privado da companhia do Menino adorado.

Peço-te, pela alegria que tiveste quando o achaste no templo e pela inexplicável consolação que sentias na casinha de Nazaré, vivendo com o divino Menino.

Peço-te, pelo heroico sacrifício de tua vontade, pelo qual ofereceste ao Eterno Pai o último e terrível instante em que Deus-Homem ia expiar por nossa salvação.

Peço-te, pelo perfeito amor e pela conformidade com que recebeste a divina ordem de partir deste mundo e da companhia de Jesus e Maria.

Peço-te, pela grandíssima alegria que inundou tua alma quando o Redentor do mundo, triunfando da morte e do inferno, entrou na possessão de seu reino, conduzindo-te também à glória com honras especiais.

Peço-te, pela gloriosa assunção de Maria Santíssima e por aquela infinita bem-aventurança de que participa na presença de Deus.

Ó amabilíssimo pai, suplico-te, por todos os sofrimentos, todas as aflições e alegrias que passaste neste mundo, que me ouças e me obtenhas o favor de minhas súplicas (*aqui se pede o favor que se deseja alcançar por intermédio do Santo*). Suplico-te, ainda, em favor de todos aqueles que se encomendam a minhas orações, para que lhes concedas o que mais lhes convier, segundo os desígnios de Deus.

Finalmente, meu amado protetor e pai, São José, sê-nos propício nos últimos instantes de nossa vida, para que possamos cantar eternamente os louvores de Jesus, Maria e José.[9]

19. Novena de São José

Oração para todos os dias da novena

Ó São José, cuja proteção é tão grande, tão forte, tão imediata diante do trono de Deus, coloco em vossas mãos todos os meus interesses e desejos. Ó São José, auxiliai-me com vossa poderosa intercessão e obtende para mim todas as bênçãos espirituais, por intermédio de Jesus Cristo, nosso Senhor, para que, tendo-me comprometido aqui, sob vosso poder celestial, eu possa oferecer minhas graças e homenagens ao mais amável dos pais.

Ó São José, jamais me canso de contemplar a vós e a Jesus a dormir em vossos braços; não me atrevo a aproximar enquanto ele repousa junto do coração. Abraçai-o em meu nome e beijai-o a meu último suspiro. São José, Patrono das almas perdidas, rogai por mim. Em nome do Pai, do Filho e do Espírito Santo. Amém.

---

[9] Oração a São José da Montanha, tradução do livro **Quem é São José**, do Bispo de Salford, Inglaterra. Henry Vincent Marshall, 19 de julho de 1884 – 14 de abril de 1955.

Ó glorioso São José, fiel seguidor de Jesus Cristo, a vós elevamos nosso coração e nossas mãos para implorar vossa poderosa intercessão, para obter do benigno Coração de Jesus todas as graças e todos os auxílios necessários a nosso bem-estar espiritual e temporal, particularmente pela graça de uma morte feliz e o especial favor que agora vos pedimos... (*mencionar o pedido*).

Ó guardião das famílias, sentimo-nos animados e confiantes de que vossas orações em nosso favor serão graciosamente ouvidas junto ao trono de Deus.

Ó glorioso São José, pelo amor que tendes por Jesus Cristo e pela glória de seu nome, escutai nossas orações e dai-nos o que pedimos. Amém.

Primeiro dia

Ó glorioso São José, com sentimentos de ilimitada confiança, imploramos-vos que abençoeis esta novena que começamos em vossa honra: "Vós jamais sois invocado em vão", dizia Santa Teresa do Menino Jesus. Fazei por nós, portanto, o mesmo que fizestes pela esposa do Sagrado Coração de Jesus e, graciosamente, escutai-nos assim como a ela escutastes. Amém.

São José, rogai por nós!

Segundo dia

Ó abençoado São José, pai carinhoso, fiel guardião de Jesus, casto esposo da Mãe de Deus, nós oramos e vos imploramos que ofereçais a Deus Pai seu divino filho, banhado em sangue na cruz por nós, pecadores, e, pelo nome sagrado de Jesus, obtenhais do Pai eterno o favor pelo qual imploramos vossa intercessão... (*mencionar o pedido*).

Pelos esplendores da eternidade, não vos esqueçais das dores daqueles que rezam, daqueles que choram. Permiti que, por meio de vossas orações e de vossa santíssima esposa, o Coração de Jesus seja comovido pela piedade e pelo perdão. Amém.

São José, rogai por nós!

Terceiro dia

Abençoado São José, acendei em nossos gélidos corações uma faísca de vossa caridade. Que Deus seja sempre o primeiro e único objeto de nossas afeições. Mantende nossas almas sempre na graça santificada e, se tivermos a infelicidade de perdê-la, dai-nos a força para recuperá-la imediatamente por meio de sincero arrependimento. Ajudai-nos, para que o amor de nosso Deus nos mantenha sempre unidos a Ele. Amém.

Ó glorioso São José, pelo amor que tendes por Jesus Cristo e pela glória de seu nome, escutai nossas preces e concedei-nos o que vos pedimos. São José, rogai por nós!

Quarto dia

São José, orgulho do céu, esperança infalível para nossa vida e apoio àqueles que na terra vos invocam, graciosamente aceitai nossa oração de louvor. Fostes nomeado esposo da casta Virgem pelo Criador do mundo. Ele quis que vós fôsseis chamado seu "pai" no mundo e servísseis como agente de nossa salvação. Que o Deus trino, que outorgou a vós honras celestiais, seja louvado para sempre. E que ele nos conceda, por vossos méritos, o gozo de vida abençoada e uma favorável resposta a nossos pedidos. Amém.

São José, rogai por nós!

Quinto dia

Ó São José, que lição vossa vida é para nós, sempre tão ansioso por ostentar aos olhos dos homens as graças que devemos inteiramente à liberalidade de Deus! Além do favor especial pelo qual fazemos esta novena... (*mencionar o pedido*), concedei que possamos atribuir a Deus a glória de todas as coisas, que amemos a vida humilde e silenciosa, que não desejemos nenhuma outra posição senão, a que nos foi concedida pela Providência, e que sempre sejamos dóceis instrumentos nas mãos de Deus. Amém.

São José, rogai por nós!

Sexto dia

Ó glorioso São José, nomeado pelo Pai eterno como guardião e protetor da vida de Jesus Cristo, conforto e apoio de sua Santa Mãe e instrumento em seu grande propósito de redenção da humanidade, vós que tivestes a felicidade de viver com Jesus e Maria e de morrer em seus braços, sede comovido pela confiança que depositamos em vós e obtende para nós, do Todo-poderoso, o favor particular que, humildemente, pedimos por vossa intercessão... (*mencionar o pedido*). Amém.

São José, rogai por nós!

Sétimo dia

Ó fiel e prudente São José, vigiai nossa fraqueza e nossa inexperiência. Concedei-nos a prudência, que nos faz lembrar de nosso fim, que dirige nossos passos e nos protege de todo perigo. Rogai por nós, então, ó grande Santo, e, por meio de vosso amor por Jesus e Maria, e de seu amor por vós, concedei o favor que vos pedimos nesta novena... (*mencionar o pedido*). Amém.

São José, rogai por nós!

Oitavo dia

Ó abençoado José, a quem foi concedido não apenas ver e ouvir o Deus, que muitos reis ansiaram ver, mas não viram, ouvir, mas não ouviram, mas também carregá-lo nos braços, abraçá-lo, guardá-lo e defendê-lo, vinde em nosso auxílio e intercedei junto a Ele para olhar favoravelmente nosso pedido... (*mencionar o pedido*). Amém.

São José, rogai por nós!

Nono dia

Ó bondoso São José, ajudai-nos a ser como vós, amável com aqueles cuja fraqueza os oprime. Ajudai-nos a dar àqueles que buscam vosso auxílio a força para que eles permaneçam inabaláveis. Dai-nos vossa fé, para que possamos ver o verdadeiro brilho das vitórias das forças do bem. Dai-nos vossa esperança para que permaneçamos seguros, intocáveis pela dúvida, firmes para suportar.

Concedei-nos vosso amor para que, enquanto os anos aumentarem um coração compreensivo, traga-nos paz. Permita-nos vossa pureza que a hora da morte nos encontre intocados pelo sopro do mal. Permita vosso amor de operário que não recusemos a vida que nos chama ao trabalho honesto.

Dai-nos vosso amor à pobreza para que vivamos satisfeitos, independente da riqueza. Dai-nos vossa coragem para que sejamos fortes. Dai-nos vossa mansidão para confessarmos nossos pecados. Dai-nos vossa paciência para que possamos possuir os reinos de nossas almas sem angústia. Ajudai-nos, querido Santo, a vivermos, para que, quando morrermos, possamos passar convosco para junto de Jesus e seus amigos.

Ó glorioso São José, escutai nossas preces e intercedei a Deus por nossos pedidos. Amém. São José, rogai por nós!

> Não me recordo de ter suplicado graça que tenha deixado de obter. Coisa admirável são os grandes favores que Deus me tem feito por intermédio desse bem-aventurado santo e os perigos de que me tem livrado, tanto do corpo como da alma. A outros santos parece o Senhor

ter dado graça para socorrer em determinada necessidade. Ao glorioso São José, tenho experiência de que socorre em todas as necessidades (*Santa Teresa d'Ávila*).

20. São José dormindo

O dia de São José é celebrado em 19 de março. Os escritos bíblicos narram como José participou da vida de Jesus. Neles são descritos os sonhos de São José e como ele lidava com as mensagens de Deus. Anteriormente, registramos, um pouco, os sonhos e os levantes de São José. Fatos que nos devem falar muito de perto.

O papa Francisco confia seus problemas aos sonhos de São José pedindo sua intercessão sempre que tem algo difícil para resolver sozinho.

Depois que o papa Francisco manifestou sua devoção a São José Dormindo, aumentou sua popularidade: "Se há um problema, eu escrevo no papel e coloco sob uma estatueta (...) de São José Dormindo", disse o Pontífice na ocasião.

Às vezes, o Papa volta a falar sobre sua devoção. Ele afirmou em um encontro que teve em janeiro de 2015 com as famílias Filipinas, em Manila: "Eu gostaria de dizer a vocês também uma coisa muito pessoal. Eu gosto muito de São José porque é um homem forte e de silêncio. Em meu escritório, eu tenho uma imagem de São José Dormindo e, dormindo, ele cuida da Igreja. Quando eu tenho um problema ou uma dificuldade, eu o escrevo em um papelzinho e o coloco embaixo de São José, para que ele sonhe sobre isso. Isso significa: para que ele reze por esse problema".

Certamente, é muito rico e instrutivo ouvir isso de um Papa. Sempre o tivemos como cordato, e, atualmente, Francisco é mais próximo de nossas necessidades e fala de suas emoções e devoções. Passa para o povo de Deus muita segurança e confiança no santo Patriarca José.

De forma resumida, lembramos que a angústia em seu peito era tão grande que, durante seu sono, Deus enviou o Anjo Gabriel, em um sonho, para tranquilizá-lo e pedir que ele não tivesse medo, pois o filho que sua esposa Maria estava esperando era fruto do Espírito Santo e tinha grande missão aqui na terra.

Aprendamos de São José suas virtudes!

21. Livros de formação sobre São José

Você poderá encontrar alguns livros de formação espiritual sobre São José. Sempre é bom ter alguma bibliografia sobre ele:

• Exortação Apostólica do papa João Paulo II sobre a figura e a missão de São José, com o título *Redemptoris Custos* (15 de agosto de 1989); as Encíclicas papais: "Quanquam Pluries", de Leão XIII, e "Bonum Sane" de Bento XV. Carta Apostólica do papa Francisco, *Patris Corde*, 2020, sobre São José e por ocasião dos 150 anos da *Quemadmodum Deus*, do papa Pio IX, 8 de dezembro de 1870.

• Devoção a São José (livreto com orações diversas, história e milagres).

• Novena em honra a São José (do CPP). Na Editora Santuário, podem-se encontrar: 9 virtudes de São José e Novena de São José.

• Santinho com a oração de São José e chaveiros para serem distribuídos como presente devocional.

• São José Dormindo, Pe. Jerônimo Gasques, obra que se adquire na Paróquia Santo Antônio de Presidente Prudente.

• São José: a personificação do Pai, de Leonardo Boff, Editora Verus.

• São José, de Joan Maria Vernet, história romanceada, Editora Vozes.

- No Diretório sobre piedade popular, n. 218-223, sobre São José. Você encontrará todos os textos bíblicos sobre São José e o pensamento da Igreja.
- Evangelho do pseudo-Tomé, em São José e o menino Jesus, Editora Vozes.
- Dirce B. P. da Silva, São José, Pai segundo a Lei, Mir Editora, 1998.
- Gasques, J. São José, o lírio de Deus. Paulus Editora, 3ª. Edição 2019, 136 páginas.
- Marcionei Miguel da Silva. José no mistério da encarnação: Aspectos teológico-pastorais para a paternidade responsável. Paulus Editora, 232 páginas.
- Ricardo de Sá. A Imitação de São José, Canção Nova Editora;
- Pe. Eusébio Sacristán Villanueva. Glorioso Patriarca São José. Livro de 1935, 254 páginas.
- Luiz A. Solano Rossi. Nos passos de São José. Paulus Editora, 2017, 76 páginas.
- Claudino A. dos Santos. São José, Acompanhai Meus Passos. Paulus Editora, 2021, 128 páginas.
- Balestrero, A. O Caminho de fé de São José. Loyola Edições, 2005, 54 páginas.
- Stramare, T. Com São José na estrada de Jesus. Editora Santuário, 2019, 128 páginas.
- Di Lascio, L. R. São José, patrono do nosso tempo. Loyola Edições, 2015, 40 páginas.
- Na internet, o leitor poderá encontrar, com cuidado do que quer achar e do que quer aproveitar, muita referência sobre São José e também poderá acessar o site dos padres Josefinos que está muito bom: *www.osj.org.br/cejm/so.php*. É o melhor site em português, em destaque, de que temos notícias. Você poderá encontrar aulas e cursos de reflexão sobre São José, que servem para reuniões de grupo e estudo pessoal.

MEDITAÇÃO

1. A partir das devoções, acima, como estamos vivenciando nossa espiritualidade? A meditação ocupa um lugar de destaque em nossa vida cristã? Meditar e rezar são a mesma coisa?

2. Como divulgar a devoção josefina na família? Vamos fazer essa tarefa de catequese? Como fazer as pessoas conhecerem mais São José?

3. Vamos nos propor a ler livros sobre São José para nos informar e conhecer esse grande patriarca?

4. No mês de março vamos organizar a novena de São José?

III
ORAÇÕES CONSAGRADAS A SÃO JOSÉ

Neste espaço, vamos anotar vinte e duas sugestões de orações dedicadas a São José.

As orações são importantes no sentido de nos aproximar do santo Patriarca. Alguém, um dia, teve essa sensação de escrever alguns sentimentos sobre São José; com isso, apareceram as orações dedicadas a ele. As que seguem são meditações a respeito da vida e atuação de São José como colaborador da história da salvação.

Dizia São Josemaría Escrivá: "De São José diz, Santa Teresa, no *Livro da Vida*: 'Quem não achar mestre que lhe ensine a orar, tome este glorioso Santo por mestre e não errará no caminho'. O conselho vem de uma alma experimentada. Segue-o". "Pede a tua Mãe, Maria, a São José, a teu Anjo da Guarda..., pede-lhes que falem com o Senhor, dizendo-lhe aquilo que, por tua rudeza, não sabes expressar" (cf. *Caminho*, 560-561).

Vamos, a seguir, contemplar uma série de orações, modos e necessidades de orações próprias para alguns momentos em que o devoto se encontre carente da presença josefina em sua vida.

Rezar, na intenção de São José, é encontrar um momento a sós ou, em família, para se pedir uma graça. A oração atribuída a um santo é uma forma de se sentir sua presença; a oração é uma forma de comunhão. Jesus é o único intercessor, porém ele não é sozinho. Ele tem um corpo, que é a Igreja. Ele é a cabeça, e os homens são seus membros (Rm 8,35-39; Ap 7,13-16).

O papa Francisco nos deu alguns conselhos de pastor, em Carta Apostólica (*introdução*): "... que não devemos nos escandalizar se sentirmos a necessidade de rezar. Não ter vergonha de pedir, sobretudo quando estamos passando por dificuldades" e "Todos podem encontrar em São José – o homem que passa despercebido, o homem da presença cotidiana discreta e escondida – um intercessor, um amparo e um guia nos momentos de dificuldade".

1. Oração a São José na aflição

A vós, São José, recorremos em nossa tribulação e, cheios de confiança, solicitamos vosso patrocínio. Por este laço sagrado de caridade que vos uniu à Virgem Imaculada, Mãe de Deus, e pelo amor paternal que tivestes ao menino Jesus, ardentemente suplicamos que lanceis um olhar benigno sobre a herança que Jesus Cristo conquistou com seu sangue e nos socorrais em nossas necessidades com vosso auxílio e poder.

Protegei, ó guarda providente da divina família, o povo eleito de Jesus Cristo. Afastai para longe de nós, ó pai amantíssimo, a peste do erro e do vício. Assisti-nos do alto do céu, ó nosso fortíssimo sustentáculo, na luta contra o poder das trevas. Assim como outrora salvastes da morte a vida ameaçada do menino Jesus, defendei agora a santa Igreja de Deus das ciladas de seus inimigos e de toda a adversidade.

Amparai a cada um de nós com vosso constante patrocínio, a fim de que, a vosso exemplo e sustentados com vosso auxílio, possamos viver virtuosamente, morrer piedosamente e obter no céu a eterna bem-aventurança. Amém.

2. A São José por uma causa difícil

Ó glorioso São José, a quem foi dado o poder de tornar possíveis as coisas humanamente impossíveis, vinde em nosso auxílio nas dificuldades em que nos achamos. Tomai sob vossa proteção a causa importante que vos confiamos, para que tenha uma solução favorável.

Ó pai amantíssimo, em vós depositamos toda a nossa confiança. Que ninguém possa jamais dizer que vos invocamos em vão. Já que tudo podeis junto a Jesus e Maria, mostrai que vossa bondade é igual a vosso poder.

São José, a quem Deus confiou o cuidado da mais santa família, sede, nós vos pedimos, o pai e protetor de nossa e impetrai-nos a graça de vivermos e morrermos no amor de Jesus e Maria. São José do perpétuo socorro, rogai por nós que recorremos a vós.

3. A São José (oração mais antiga)

Lembrai-vos, ó castíssimo esposo da Virgem Maria, São José, meu amado protetor, que nunca se ouviu dizer que alguns daqueles que invocaram vossa proteção e imploraram vosso socorro tivessem ficado sem consolação. Cheio de confiança, apresento-me diante de vós e me recomendo com fervor a vosso patrocínio. Ah! Não desatendais minhas orações, ó pai nutrício do redentor, mas ouvi-me favoravelmente e dignai-vos acolhê-las. Amém.

4. Oração a São José pela Igreja

Ó São José, fostes escolhido para amparar Cristo em sua vida terrena. Vós o ajudastes a crescer, em ciência e sabedoria, diante de Deus e dos homens.

Vós o protegestes dos que o perseguiam e o queriam matar. Olhai, agora, para a Igreja que Cristo conquistou por seu amor, por seu sangue e pela efusão do Espírito Santo. Essa Igreja continua, na terra, a obra de Jesus: a evangelização e a concretização do amor de Deus, a salvação dos seres humanos e do mundo.

Protegei, amparai e defendei a Igreja, para que as rugas do erro não a manchem e as potências do mal não a perturbem. Concedei-lhe, da parte de vosso Jesus, fidelidade à missão recebida, perseverança na luta pela justiça e a certeza da paz definitiva. Amém.

5. Oração a São José pelas famílias

São José, intercessor das famílias por excelência, eu vos recebo como Pai desta família. Ensinai-me, São José, a amar, a orar, a falar, a trabalhar, como tão bem ensinastes a Jesus. Peço-vos especialmente pela salvação de... (*dizer o nome da pessoa*).

Libertai-o(a), São José, das amarras do inimigo das famílias e fazei-o(a) servir a Deus, como o senhor o serviu. Querido São José, santifique minha família. Amém.

6. Oração nas dificuldades

Ó Glorioso São José, a quem foi dado o poder de tornar possíveis as coisas humanamente impossíveis, vinde em nosso auxílio nas dificuldades em que nos achamos. Tomai sob vossa proteção a causa importante que vos confiamos, para que tenha uma solução favorável.

Ó Pai muito amado, em vós depositamos toda nossa confiança. Que ninguém possa jamais dizer que vos invocamos em vão. Já que tudo podeis junto de Jesus e Maria, mostrai-nos que vossa bondade é igual a vosso poder.

São José, a quem Deus confiou o cuidado da mais Santa Família que jamais houve, sede, nós vos pedimos, o pai e protetor da nossa e impetrai-nos a graça de vivermos e morrermos no amor de Jesus e Maria! São José, rogai por nós!

> Às vezes, acreditamos que não precisamos de nada, que nos bastamos e que vivemos na completa autossuficiência. Muitas vezes isso acontece! Mas, cedo ou tarde, essa ilusão se desvanece. O ser humano é uma invocação, que às vezes se torna um grito, muitas vezes retido. A alma se assemelha a uma terra árida e sedenta. Todos nós experimentamos, em um momento ou outro de nossa existência, o tempo da melancolia, da solidão (*Papa Francisco*).

7. Oração por uma causa urgente

Ah! Vós, que ninguém jamais invocou em vão; vós, cujo poder junto a Deus é tão grande que se diz: "No céu José manda, não suplica", rogai e intercedei por mim junto a Jesus. Sede meu advogado junto a este divino Filho, de quem fostes, na terra, protetor fiel.

Ajuntai a todas as vossas glórias aquela de ganhar a causa desesperada que vos confio... (*citar o que se deseja*). Eu creio, sim, que podeis acudir meus votos, livrando-me das penas que me acabrunham e das amarguras de que sofre minha alma. Tenho, além disso, confiança em que nada deixareis de fazer em favor do aflito que vos implora.

Humildemente prostrado a vossos pés, eu vos peço: tende piedade de minhas súplicas e de minhas lágrimas, cobri-me com vossa misericórdia e abençoai-me. Assim seja.

8. Oração a São José para depois do terço

A vós, São José, recorremos em nossa tribulação e, depois de ter implorado o auxílio de vossa santíssima esposa, cheios de confiança solicitamos também vosso patrocínio. Por esse laço sagrado de caridade que vos uniu à Virgem Imaculada, Mãe de Deus, e pelo amor paternal que tivestes ao Menino Jesus, ardentemente suplicamos que lanceis um olhar benigno sobre a herança, que Jesus Cristo conquistou com seu sangue, e nos socorrais em nossas necessidades com vosso auxílio e poder.

Protegei, ó guarda providente da divina família, a raça eleita de Jesus Cristo. Afastai para longe de nós, ó pai amantíssimo, a peste do erro e do vício. Assisti-nos do alto do céu, ó nosso fortíssimo sustentáculo, na luta contra o poder das trevas e, assim como outrora salvastes da morte a vida ameaçada do Menino Jesus, defendei agora a Santa Igreja de Deus das ciladas de seus inimigos e de toda a adversidade.

Amparai a cada um de nós com vosso constante patrocínio, a fim de que, a vosso exemplo e sustentados com vosso auxílio, possamos viver virtuosamente, morrer piedosamente e obter no céu a eterna bem-aventurança. Assim seja.

9. Invocações a São José

Ó excelso esposo de Maria e Pai adotivo de Jesus, pelo tesouro de vossa perfeição, obediência a Deus, tende compaixão de mim.

Pela vossa santa vida, cheia de méritos, ouvi-me.

Pelo vosso poderosíssimo nome, ajudai-me.
Pelo vosso clementíssimo coração, favorecei-me.
Pelas vossas santas lágrimas, tende compaixão das minhas.
Pelos vossos dolorosos suspiros, tende piedade do meu sofrer.
Pelas vossas sete dores, tende compaixão de mim.
Pelos vossos sete gozos, consolai-me o coração.
São José, ouvi-me!
São José, atendei-me!
São José, tende compaixão de mim!
De todo mal da alma e do corpo, livrai-me!

Socorrei-me com a vossa santa proteção e, na vossa misericórdia e no vosso poder, alcançai-me do Senhor aquilo que me é necessário e especialmente a graça de que necessito.

Pai-nosso, Ave-Maria e Glória.

(Finalmente, com grande devoção e convicção, diga-se o credo.)

10. Oração a São José pelo dia dos pais

A vós, São José, recorremos em nossa tribulação. Cheios de confiança, solicitamos vossa proteção no dia de hoje para todos os pais de família. Vós fostes o pai adotivo de Jesus, soubestes amá-lo, respeitá-lo e educá-lo com amor e dedicação, como vosso próprio filho.

Olhai todos os pais do mundo e especialmente os de nossa comunidade, para que, com amor e dedicação, eduquem seus filhos na fé cristã e para a vida. Protegei todos os pais doentes que sofrem por não poderem dar saúde, educação e casa decente para seus filhos. Protegei todos os pais que trabalham arduamente no dia a dia para não faltar nada a seus filhos.

Protegei todos os pais que se dedicam de corpo e alma a sua família. Iluminai todos os pais que não querem assumir sua paternidade. Iluminai todos os pais que desprezam seus filhos e suas esposas. Enfim, olhai por todos os pais, para que assumam e vivam com alegria sua vocação paterna. Amém.

11. Lembrai-vos a São José (nova tradução)

Lembrai-vos, ó puríssimo esposo da Virgem Maria, que jamais se ouviu dizer que alguém tivesse invocado vossa proteção, implorado vosso socorro e não fosse por vós atendido. Com essa confiança, venho a vossa presença. A vós, com fervor, recomendo-me (*fazer o pedido*). Não desprezeis minhas súplicas, pai adotivo do Redentor, mas dignai-vos de acolhê-las piedosamente. Assim seja. Amém.

12. Oração a São José Operário *(para pedir emprego)*

Oh, meu querido Santo Trabalhador, que em vida fizestes a vontade de Deus por meio do trabalho, abri as portas do comércio para que eu possa conseguir um emprego.

Dai-me forças e coragem para não desistir no primeiro não. Que eu tenha a disposição de Santa Teresa d'Ávila, a simplicidade de Maria de Nazaré, a força de Santo Antônio. Orientai nossos governantes para a distribuição dos bens do país. Protegei nossas famílias para que não se deixem vencer pela seca, pelo medo, pela violência, pela falta de trabalho e dai esperança no domingo da ressurreição.

Meu São José, padroeiro dos trabalhadores, não me deixeis sem o pão de cada dia e sem perspectiva de um novo dia para minha família. Prometo, com o dinheiro do meu futuro emprego, ajudar uma instituição de caridade a divulgar essa devoção.

Por Cristo, Senhor Nosso. Amém (*Leia o texto da Bíblia:* Mt 2,13-23 *e reze uma Ave-Maria e um Pai-nosso*).

> São José, oh meu terno pai, ponho-me para sempre sob vossa proteção. Considerai-me como vosso filho e preservai-me de todo o pecado. Lanço-me em vossos braços para que me acompanheis no caminho da virtude e me assistais na hora de minha morte. Jesus, Maria, José, eu vos dou meu coração e minha alma. Jesus, Maria, José, assisti-me na última agonia. Jesus, Maria, José, expire em paz entre vós minha alma (São Clemente).

13. Oração a São José *(São Pio X)*

Glorioso São José, modelo de todos os que se dedicam ao trabalho, obtende-me a graça de trabalhar com espírito de penitência para expiação de meus numerosos pecados; de trabalhar com consciência, pondo o culto do dever acima de minhas inclinações; de trabalhar com recolhimento e alegria, olhando como uma honra empregar e desenvolver pelo trabalho os dons recebidos de Deus; de trabalhar com ordem, paz, moderação e paciência, sem nunca recuar perante o cansaço e as dificuldades; de trabalhar, sobretudo, com pureza de intenção e com desapego de mim mesmo, tendo sempre diante dos olhos a morte e a conta que deverei dar do tempo perdido, dos talentos inutilizados, do bem omitido e da vã complacência nos sucessos, tão funesta à obra de Deus!

Tudo por Jesus, tudo por Maria, tudo a vossa imitação, oh, Patriarca São José!

Tal será minha divisa na vida e na morte. Amém.

14. Súplica a São José *(composta por Leão XIII)*
(Para ser rezada, especialmente, no mês de outubro)

A vós, São José, recorremos em nossa tribulação e, depois de termos implorado a assistência de vossa Santíssima Esposa, cheios de confiança, solicitamos também vosso patrocínio. Por esse laço sagrado de caridade, que vos uniu à Virgem Imaculada, Mãe de Deus, e pelo amor paternal que tivestes ao Menino Jesus, ardentemente vos suplicamos que lanceis um olhar benigno para a herança, que Jesus Cristo conquistou com seu sangue, e nos socorrais em nossas necessidades, com vosso auxílio e poder.

Protegei, ó guarda providente da divina família, a linhagem eleita de Jesus Cristo. Afastai para longe de nós, ó Pai amantíssimo, a peste do erro e do vício que arruína o mundo. Assisti-nos propício do alto do céu, ó nosso fortíssimo protetor, na luta contra o poder das trevas. Assim como outrora salvastes da morte a vida ameaçada do Menino Jesus, defendei a Santa Igreja de Deus contra as ciladas de seus inimigos e contra toda a adversidade.

Amparai a cada um de nós com vosso constante patrocínio, a fim de que, a vosso exemplo e sustentados com vosso auxílio, possamos viver virtuosamente, piedosamente morrer e obter no céu a eterna bem-aventurança. Assim seja.

15. Oração a São José pelos agonizantes

Oh, São José, pai adotivo de Jesus Cristo e verdadeiro esposo da virgem Maria, rogai por nós e por todos os agonizantes deste dia (*desta noite*). *Lembrar-se daquele enfermo a quem lhe dedica essa oração.*

Oração pelos moribundos:

Eterno Pai, pelo amor que tendes a São José, escolhido por vós para ser vosso representante na terra, tende misericórdia de nós e dos pobres moribundos.

– Pai-nosso, Ave-Maria e Glória.

Eterno Filho, pelo amor que tendes a São José, vosso guarda fidelíssimo, tende misericórdia de nós e dos pobres moribundos.

– Pai-nosso, Ave-Maria e Glória.

Eterno Espírito Santo, pelo amor que tendes a São José, zelosíssimo guarda da Santíssima Virgem Maria, vossa amada Esposa, tende misericórdia de nós e dos pobres moribundos.

– Pai-nosso, Ave-Maria e Glória.

16. Oração na intenção das famílias

Ó São José, vossa autoridade sobre o coração de Jesus faz com que as questões mais difíceis a vós confiadas tornam-se fáceis de resolver. Pedimos-vos, pois, para nossas necessidades presentes. Vinde em nosso auxílio, consolai-nos em nossas tristezas, nossos temores, cuidados e nossas dores. Afastai de nós os perigos que nos ameaçam. Tomai sob vossa misericordiosa proteção nossa vida, nossa casa e tudo o que confiamos a vossa poderosa proteção. Mostrai como sois bom para aqueles que desejam permanecer para sempre vossos servos fiéis.

São José, pai e protetor de nossa família, intercedei por nós. Amém.

17. Oração a São José pelos desempregados

Ó Deus nosso Pai, nós vos pedimos, pela intercessão de São José, que conheceu o peso da fadiga e do cansaço para sustentar Jesus e Maria, protegei nosso trabalho e afastai todo perigo.

Fazei que jamais falte para nós o meio de sustentar dignamente nossa família. Aliviai a angústia dos desempregados e dos que não têm serviço. Dai-lhes a força de prosseguir lutando na busca do trabalho e que nunca percam a esperança em um futuro melhor.

Fazei com que sejam respeitados o direito e a dignidade dos trabalhadores e que, ganhando o pão com o suor de nosso rosto, possamos realizar vossa vontade a cada dia em nossa vida. Amém.

18. Súplica a São José

Glorioso São José, pai poderoso de minha alma, pela reverência que vos tributa a corte celeste como pai virginal de Jesus e esposo da mãe de Deus, rainha de todo o universo, atendei-me, alcançai-me de Deus a graça que do fundo do coração vos imploro.

Rezar: Pai-nosso, Ave-Maria e Glória ao Pai.

> Um aspecto que caracteriza São José – e tem sido evidenciado desde os dias da primeira Encíclica social, a *Rerum Novarum*, de Leão XIII – é sua relação com o trabalho. São José era um carpinteiro que trabalhou honestamente para garantir o sustento de sua família. Com ele, Jesus aprendeu o valor, a dignidade e a alegria do que significa comer o pão, fruto do próprio trabalho (PC, 6).

19. Oração a São José Dormindo

Ó glorioso São José, a quem foi dado o poder de tornar possível as coisas humanamente impossíveis, vinde em nosso auxílio nas dificuldades em que nos achamos. Tomai sob vossa proteção a causa importante que vos confiamos, para que tenha uma solução favorável.

Ó Pai muito amado, em vós depositamos toda a nossa confiança. Que ninguém possa jamais dizer que vos invocamos em vão. Já que tudo podeis junto a Jesus e Maria, mostrai-nos que vossa bondade é igual a vosso poder. Santa família que jamais houve, sede, nós vos pedimos, o pai e protetor da nossa e impetrai-nos a graça de vivermos e morrermos no amor de Jesus e Maria.

São José, rogai por nós que recorremos a vós.

20. Oração do sacerdote a São José

Ó Deus, vós nos destes um sacerdócio régio. Como a São José concedestes poder tocar, respeitosamente, com as próprias mãos vosso Filho Unigênito, nascido da Virgem Maria, concedei-nos, nós vos pedimos, podermos servir também a vossos altares na pureza do coração e na candura do procedimento, para recebermos sempre dignamente o Santíssimo Corpo e o preciosíssimo sangue de vosso Filho e, assim, chegarmos à recompensa eterna na vida futura! (*Rezar uma Ave-Maria pelas vocações*).

Por Cristo Nosso Senhor. Amém.

21. Ave, São José

Homem justo, esposo Virginal de Maria, e pai davídico do Messias, bendito és tu, entre os homens, e bendito é o filho de Deus, que a ti foi confiado: Jesus.

São José, padroeiro da Igreja universal, guarda nossas famílias na paz e na graça divina e socorre-nos na hora de nossa morte. Amém.

22. A oração que é conhecida por nunca ter falhado
(que providencia o pedido para o benefício espiritual de quem está rezando)

Ó São José, cuja proteção é tão grande, tão forte e tão imediata diante do trono de Deus, a vós confio todas as minhas intenções e todos os meus desejos.

Ajudai-me, São José, com vossa poderosa intercessão, a obter todas as bênçãos espirituais por intercessão de vosso Filho adotivo, Jesus Cristo, Nosso Senhor, de modo que, ao confiar-me, aqui na terra, a vosso poder celestial, tribute-vos meu agradecimento e minha homenagem.

Ó São José, eu nunca me canso de contemplar-vos com Jesus adormecido em vossos braços. Não ouso aproximar-me enquanto ele repousa junto de vosso coração. Abraçai-o em meu nome, beijai por mim seu delicado rosto e pedi-lhe que me devolva esse beijo quando eu exalar meu último suspiro.

São José, padroeiro das almas que partem, rogai por mim! Amém.

***

Certa vez, Santa Teresa d'Ávila, para termos devoção ao patriarca da Sagrada Família, assim escreveu:

"Não me lembro de até hoje lhe ter pedido alguma coisa que não me tenha concedido, nem posso pensar sem admiração nas graças que Deus me tem concedido por sua intercessão e nos perigos de que me tem livrado, tanto para a alma como para o corpo. Parece-me que Deus concede aos outros santos a graça de nos auxiliares nesta ou naquela necessidade, mas sei, por experiência, que São José nos socorre em todas, como se Nosso Senhor quisesse fazer-nos compreender que, assim como ele lhe era submisso na terra, porque estava no lugar de pai e como tal era chamado, também no céu não pode recusar-lhe nada".

Concluamos com uma palavra de Leão XIII:

"Se consegue que o beatíssimo Patriarca se considere protetor, em modo especial, da multidão dos cristãos de que é formada a Igreja, isto é, desta grandíssima família espalhada por todo o mundo, na qual ele, como esposo de Maria e pai de Jesus Cristo, tem uma autoridade paterna. É então coisa justa e digna do Beato José que, como ele um tempo tutelava santamente em qualquer evento a família de Nazaré, assim agora, com seu celeste patrocínio, proteja e defenda a Igreja de Cristo" (Leão XIII, Carta Encíclica, *Quanquam Pluries*, n. 3, 15.8.1889).

São José recebeu de Jesus tal fortuna de graça para distribuir que nunca um pai amou e cuidou de seus filhos como ele ama e intercede por seus fiéis.

MEDITAÇÃO

1. Qual oração acha mais interessante?
2. Em geral decoramos as orações. Qual delas você sabe de cor?
3. Compartilhe com outras pessoas seu devocional. Isso irá fazer um bem enorme aos demais. Vamos dar de presente um livro desse devocional?
4. Você tem proposto um grupo de oração aos doentes de hospitais? Leva a intercessão de São José em suas atividades pastorais?

CONCLUSÃO

Esta é a síntese sobre São José: "Eis que o Anjo do Senhor se manifestou a ele em um sonho, dizendo: 'José, filho de Davi, não temas receber Maria, tua mulher, pois o que nela foi gerado vem do Espírito Santo. Ela dará à luz um filho e tu o chamarás com o nome de Jesus, pois ele salvará seu povo de seus pecados'. (...) José, ao despertar do sono, agiu conforme o Anjo do Senhor lhe ordenara e recebeu em sua casa sua mulher" (Mt 1,21-24).

Certamente, não podemos terminar o livro sobre São José. Ele é bastante grande para caber em poucas páginas. De São José, nunca podemos dizer tudo, ao máximo, podemos exprimir nossos sentimentos enquanto devotos do insigne Patriarca. "Entre São José e Deus, não vemos e não devemos ver senão Maria, por sua divina Maternidade". "São José, depois de Maria, é o maior de todos os Santos" (*Papa Pio IX, ano de 1870*).

Trabalhamos algumas ideias sobre o que se conhece de São José. Deixamos de lado as ideias propostas pelos apócrifos e por outras lendas mais elaboradas sobre sua história. Aqui, contentamo-nos em descrever seu patronato, algumas orações a ele atribuídas, as várias manifestações devocionais que se elaboraram no transcurso dos séculos: o cordão de São José, o terço e outras formas populares de se mostrar a alegria na comunhão josefina.

São Bernardino de Sena escreveu sobre São José: "... ele foi escolhido pelo Pai eterno para ser o guarda fiel e providente de seus maiores tesouros: o Filho de Deus e a Virgem Maria. E cumpriu com a máxima fidelidade sua missão. Eis por que o Senhor lhe disse: 'servo bom e fiel! Vem participar da alegria de teu Senhor' (Mt 25,21)!'"[1]

Para concluir, algumas ideias sobre São José em vários autores.

Declarou o papa Bento XVI:

> O silêncio de São José não manifesta um 'vazio interior', mas, pelo contrário, a plenitude da fé que traz no coração e que guia cada um de seus pensamentos e cada uma de suas ações. Deixemo-nos 'contaminar' pelo silêncio de São José; temos muita necessidade dele, em um mundo, muitas vezes, demasiado ruidoso, que não favorece o recolhimento e a escuta da voz de Deus. O papa propôs aos fiéis que estabelecessem uma espécie de "diálogo espiritual com São José, para que ele nos ajude a viver em plenitude este grande mistério da fé".
>
> Um silêncio, graças ao qual, José, em uníssono com Maria, conserva a palavra de Deus, descoberta por meio das Sagradas Escrituras, confrontando-a continuamente com os acontecimentos da vida de Jesus; um silêncio tecido de oração constante, de oração de louvor ao Senhor, de adoração de sua santa vontade e de abandono sem reservas a sua providência.
>
> Não é exagerado pensar que foi de seu 'Pai' José que Jesus aprendeu, no plano humano, essa robusta interioridade, premissa da justiça autêntica, a 'justiça superior'

[1] In.: *Sermo 2*, de S. Ioseph – In.: *Liturgia das Horas*, 19 de março.

> que um dia ensinará a seus discípulos (cf. homilia, domingo, 18 de dezembro de 2005).
>
> São José é uma figura de sombra. Não deixou nenhuma palavra, apenas teve sonhos que, não sem dificuldades, acatou e seguiu. Não sabemos nem quando nasceu nem quando morreu. Apenas que, corajoso, levou para casa uma menina grávida e assumiu o menino impondo-lhe o nome Jesus. Depois enfrentou com a família a perseguição de um monarca sanguinolento, fugiu para o exílio e, na volta, escondeu-se em uma vilazinha ao norte, em Nazaré. Iniciou o filho nas tradições religiosas de seu povo e lhe transmitiu a profissão de artesão-carpinteiro. Dele se diz que era um homem justo. Depois sumiu sem deixar sinal (*Leonardo Boff*).

São José teve a mais bela morte, pois morreu com Jesus e Maria a seu lado, maneira como todos nós gostaríamos de partir desta terra. Por isso José é o protetor da boa morte. José é também o patrono universal da Igreja, dos pais, dos carpinteiros, do trabalho e da justiça social.

Por que não seguir o exemplo do bom papa João XXIII que confessava, com toda a simplicidade: "São José, eu o amo muito, a tal ponto que não posso começar, nem acabar meu dia, sem que minha primeira palavra e meu último pensamento sejam para você". E completa: "Como é doce, calmo, sereno, suave o pensamento de São José, meu primeiro e predileto protetor".

Para celebrar os 150 anos da declaração do Esposo de Maria como Padroeiro da Igreja Católica, o papa Francisco convocou o "Ano de São José" com a Carta apostólica "*Patris Corde* – Com coração de Pai", publicada dia 8 de dezembro de 2020. O Papa falou de José como o homem da presença cotidiana, discreta e escondida. Definiu-o como um intercessor e um amparo, um guia em momentos de dificuldade. Será que "passar despercebido" é uma característica desse Santo? (*Vaticannews.va*).

Ele tem "um protagonismo sem paralelo na história da salvação". Com efeito, expressou concretamente sua paternidade ao ter convertido sua vocação humana "na oblação sobre-humana de si mesmo ao serviço do Messias". Por isso ele "foi sempre muito amado pelo povo cristão" (PC, 1).

Nele, "Jesus viu a ternura de Deus", que "nos faz aceitar nossa fraqueza", por meio da qual se realiza a maior parte dos desígnios divinos. Deus, de fato, "não nos condena, mas nos acolhe, abraça-nos, ampara-nos e nos perdoa" (PC, 2). José é pai também na obediência a Deus: com seu "fiat", salva Maria e Jesus e ensina a seu Filho a "fazer a vontade do Pai", cooperando com o "grande mistério da Redenção" (PC, 3).

Tivemos a alegria de descrever São José: santo mudo de palavras, mas falante nas ações. Foi homem de ação silenciosa e cheia de expressão. São José, homem de silêncio, homem de oração, homem justo, "fez a experiência quer do amor da verdade, ou seja, do puro amor de contemplação da Verdade divina, que irradiava da humanidade de Cristo, quer das exigências do amor, ou seja, do amor igualmente puro do serviço, requerido pela proteção e pelo desenvolvimento dessa mesma humanidade" (João Paulo II, *RC*, n. 27).

Desejamos a todos que este livro possa ajudar na reflexão e na espiritualidade por um encontro com essa figura magnífica que é São José; que os leitores possam aproveitar das leituras e fazer delas um momento de encontro e de evangelização. As orações nos auxiliam a vivenciar a espiritualidade josefina. Elas são como um baú onde se entram os desejáveis objetos!

Doutra feita, também, elegemos São José como patrono dos dizimistas. Por seu nome, que representa a prosperidade, atribuímos uma devoção à experiência do dízimo, que, certamente, ele praticou como bom judeu. Pelos dizimistas pedimos sua paternal proteção e que ele nos possa valer sempre abençoando nossa família e nos dando um "modelo" de pai dedicado e zeloso pastor.

Enfim, façamos de José um ponto de espiritualidade flutuante neste mundo repleto de vozes e ruídos. Honremos as tristezas e as alegrias de São José, se desejarmos ser-lhe agradáveis e alcançarmos sua assistência.

"Deixemo-nos 'contaminar' pelo silêncio de São José; temos muita necessidade dele, em um mundo muitas vezes demasiado ruidoso, que não favorece o recolhimento e a escuta da voz de Deus." O papa Bento XVI propôs aos fiéis que estabelecessem uma espécie de "diálogo espiritual com São José, para que ele nos ajude a viver em plenitude este grande mistério da fé".

Sumário